領収書・レシートはどこまで経費で落とせるか

税理士・社会保険労務士
吉村修一
Shuichi Yoshimura

ぱる出版

はじめに

一枚の「領収書」からお金の流れがわかる、といっても過言ではありません。

みなさんが領収書と聞いて思い浮かべるのは、物を買ったり、サービスを受けたりしてお金を支払った時にもらう紙片ではないでしょうか。その単なる紙である領収書も、もらう人によって、その意味が大きく変わってきます。

子供たちの将来なりたいランキングで上位に来るYouTuberを代表とする動画配信者。若者の間では配信動画を見る時間が増えて、テレビ離れが進んでいるそうです。YouTubeを代表とする動画共有サービスは、動画のアップロードと視聴ができるだけでなく、条件を満たすと、動画をアップロードした人は広告収入を得られるようになります。動画再生前や途中に広告が入ったり、バナー広告が表示されたりします。

YouTuberが配信する動画は、どのようなものがあるのでしょうか。題材としては、食べ物、旅行、ゲーム、ペット、アニメ、マンガ、メイク、ファッション、自動車、鉄道などありとあらゆるものがあります。

例えば、
・宅配ピザ数社から頼んだピザの食べくらべをしている人
・アニメに出てきた場所のモデルとなった学校を訪ねている人
・最新のテレビゲームを実況プレーしている人
・高級ブランドの財布を購入して紹介している人
がいます。

自分が税理士という職業柄のせいか、「どこまで経費になるのだろうか？」って考えてしまいます。

宅配ピザ、アニメ聖地への旅費、テレビゲーム、高級ブランドの財布の領収書であっても、有名YouTuberであれば経費になる大事な証明になりますが、一般人であれば単なる紙になります。つまり、一枚の領収書で、税金まで変わってくるということです。

一枚の「領収書」からお金の流れがわかるためには、コツがあります。これからみなさんと一緒にそのコツを見ていきたいと思います。

税理士
社会保険労務士
吉村 修一

領収書・レシートは
どこまで経費で落とせるか

もくじ

第1章 「領収書」がわかればお金の流れがわかる

第2章 「経費」がわかればお金の流れがわかる

第3章 「税金」がわかればお金の流れがわかる

第4章 「どこまで落ちるか」わかればお金の流れがわかる

2　仕事の内容別に見るケーススタディ……171

第 1 章

「領収書」がわかれば お金の流れがわかる

1 レシートも十分に領収書になる

◇WEBの取引明細、クレジットカードの利用明細書も

みなさんは、「領収書」と聞いて何を思い浮かべますか？

車を買って前金の10万円を支払った時にもらったり、会社の忘年会の幹事をしてお会計をした時にもらったりしたことはありませんか？

領収書という文字が印刷されたA4の4分の1の大きさで、収入印紙が貼ってあったりする紙片を、みなさんは見たことがありますよね。

今回お話しする領収書は、もっと広い範囲になります。

領収書は英語でレシートと言いますが、いわゆるレシートも領収書になります。「レシートは領収書として使えない」と聞いたことがある方もいらっしゃるかも知れません。レシートをもらったけど、店員さんに領収書を書いてくださいと頼んで嫌な顔をされた経験がある方もいらっしゃるでしょう（最近はレジから自動的に出力されるので楽になりました）。

レシートだけでなく、WEB上の取引画面、電子メールのプリントアウトしたものやクレジットカードの利用明細書、振込明細書なども領収書や領収書の代わりになります。

色々な領収書の例

収入印紙売さばき証明書

	億	千万	百万	十万	万	千	百	十	一
金額						¥	4	5	0 円

但し、収入印紙代金

領収日付印

※証明書の再発行はできませんので御注意下さい。
※金額の加筆訂正・日付印の無きものは無効です。

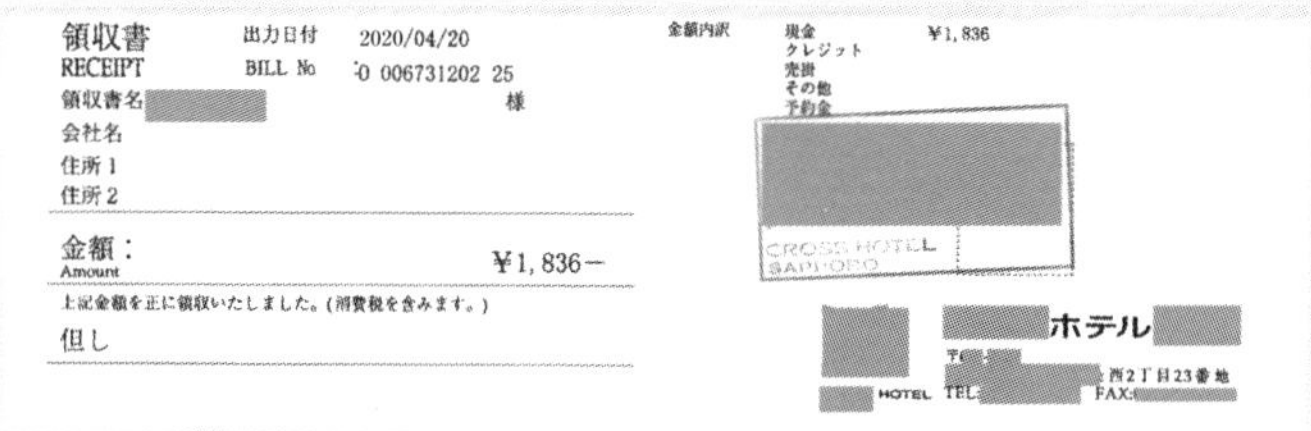

領収書
RECEIPT
出力日付 2020/04/20
BILL No :0 006731202 25
領収書名 [redacted] 様
会社名
住所1
住所2
金額：
Amount ¥1,836−
上記金額を正に領収いたしました。(消費税を含みます。)
但し

金額内訳
現金 ¥1,836
クレジット
売掛
その他
予約金

[redacted]
CROSS HOTEL
SAPPORO

[redacted] [redacted]ホテル[redacted]
〒[redacted] 西2丁目23番地
[redacted] HOTEL TEL:[redacted] FAX:[redacted]

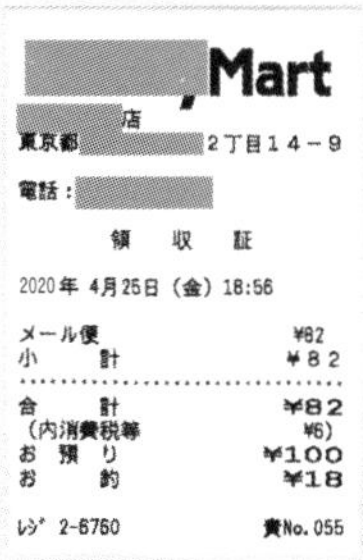

[redacted]Mart
[redacted]店
東京都[redacted]2丁目14−9
電話：[redacted]
領 収 証
2020年 4月25日（金）18:56
メール便 ¥82
小 計 ¥82
合 計 ¥82
（内消費税等 ¥6）
お 預 り ¥100
お 釣 ¥18
ﾚｼﾞ 2-6760 責No. 055

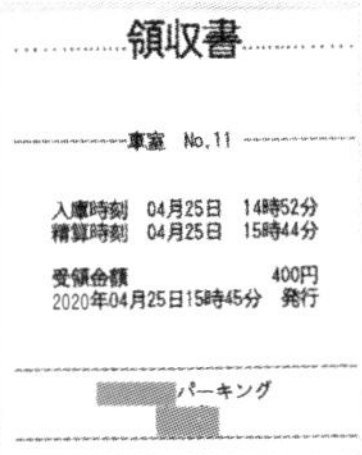

領収書
車室 No.11
入庫時刻 04月25日 14時52分
精算時刻 04月25日 15時44分
受領金額 400円
2020年04月25日15時45分 発行
[redacted]パーキング
[redacted]

お金の流れがわかるためには、但し書きが簡単な領収書より、レシートや明細書のほうが役に立つケースもあります。

後でお話ししますが、領収書に書かれたものを経費にする場合には、仮に税務調査があった時に税務職員に経費の内容を説明する必要があります。税務調査は1年～3年前までさかのぼりますので、説明しろと言われても直近のことはともかく、それ以前のことは答えに窮してしまうことがあります。その時は、明細が書いてある書類のほうが役に立ちそうです。

逆に言うと、但し書きが簡単に書いてある領収書をもらった時は、メモ書きなどをしておくといいでしょう。

先ほどの「レシートは領収書として使えない」という考えはまだまだ世の中に浸透しています。そのような会社にお勤めの方は、経理ともめずに精算してもらうためにも、従来どおりの領収書をもらっておいたほうがいいかもしれません。

ところで、領収書はなぜ必要なのでしょうか？

お金の流れの中で、支払いが現実にあったことを他の人に証明する必要があります。その事実を証明するのが領収書です。

領収書というのは、お金を受け取った人からお金を支払った人に対して発行されるもので、お金の流れがあったことを証明する書類です。簡単に言うと、領収書をもらった人はそれを「経費」にすることができ、領収書を渡した人はそれを「売上げ」にしなければならないことになります。

みなさんがお客さんの接待をして、お会計をしています。目の前で店員さんが領収書を書いています。店員さんは初めてバイトをしたという雰囲気で、どう見ても領収書を書くのに慣れていないようです。周りに先輩バイトらしき人もいないし、きちんとした領収書をもらうためにもみなさんがアドバイスしなければいけないようです。こういう時は、次の点に気を付けてください。

①宛名（もらう側の名前）の記載
②発行年月日の記載
③金額の記入（金額を訂正したものは無効なので書き直してもらう）
④商品やサービスの内容の記載
⑤発行する側の住所・名前・電話番号の記載
⑥押印
⑦収入印紙の貼付

領収書の見本

領　収　書

No.

① 株式会社　※※※※ 様

令和 2 年 4月 ○日 ②

金額 ③ ¥66,000 ー

⑦ 収入印紙 印

④ 但 ○○代として

上記正に領収いたしました

内　訳	
税抜金額	¥60,000 ー
消費税額（10%）	¥6,000 ー

⑤⑥
東京都 ×× 区 ×× 町 1-2-3
有限会社　××××
電話：03-××××-××××
社印

① 宛先 (もらう側の名前) の記載
② 発行年月日の記載
③ 金額の記入 (金額を訂正したものは無効なので書き直してもらう)
④ 商品やサービスの内容の記載
⑤ 発行する側の住所・名前・電話番号の記載
⑥ 押印
⑦ 収入印紙の貼付

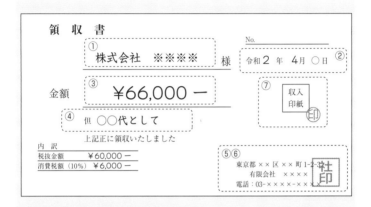

収入印紙額一覧表

売上代金の受取書の場合

令和2年4月現在		
記載金額		印紙税額
5万円未満		非課税
5万円以上	100万円以下	200円
100万円超	200万円以下	400円
200万円超	300万円以下	600円
300万円超	500万円以下	1,000円
500万円超	1,000万円以下	2,000円
1,000万円超	2,000万円以下	4,000円
2,000万円超	3,000万円以下	6,000円
3,000万円超	5,000万円以下	10,000円
5,000万円超	1億円以下	20,000円
1億円超	2億円以下	40,000円
2億円超	3億円以下	60,000円
3億円超	5億円以下	100,000円
5億円超	10億円以下	150,000円
10億円超		200,000円
受取金額の記載のないもの		200円

売上代金以外の受取書の場合

令和2年4月現在	
記載金額	印紙税額
5万円未満	非課税
5万円以上のもの	200円

コラム①消えるボールペンにご注意

消える魔球ならぬ「消えるボールペン」という文房具があります。

2006 年頃から国内で販売されはじめてかなり普及しており、大ヒット商品になっています。特徴として、特殊なインキを使用しており、摩擦熱で筆跡が透明化されます。つまり、何度も書いては消せて筆跡が残りません。

メーカーでは、使用方法に証憑類・宛名書きができませんと書いていますが、商品の特性を悪用した不正が目立ってきました。

某自治体の臨時職員が領収書を偽造し、食材代金を水増し請求、詐欺容疑で逮捕された。某地方自治体の職員が消えるボールペンで勤務管理表に時間を記入し、上司の決裁を得た後に書きかえることで、残業代約 70 万円を不正受給し、懲戒免職になった……等。これは公文書偽造にあたり、刑事事件にもなり得ますので、各自治体も使用禁止にしているとのことです。

消えるボールペンを領収書に使用されたら大変なことになるのは目に見えてわかりますよね。鉛筆で書いた領収書、つまり白紙の領収書を使っていることになります。「好きな金額が書けてラッキー」と領収書の金額を消えるボールペンで書きかえた場合、金額の改ざんにあたり脱税になります。脱税となるときついペナルティがありますので、絶対にしないでください。

逆に、相手からこのボールペンを使って領収書を書いてくれと頼まれても絶対に断ってください。相手は脱税する気満々ですから、脱税の片棒を担ぐことになってしまいますよ。

従業員を雇っている人も注意してくださいね。経費精算で消えるボールペンを使用されて、架空の残業代や架空の旅費交通費を払ってしまうなんてことにもなりかねません。

ちなみに消えるボールペンの消えたインキは、△20 度で復活するそうです。冷凍庫の温度は通常△20～30 度になるので、消えるボールペンの不正も見破る方法もできるかもしれませんね。

2 領収書を発行する時に注意すること

◇領収書の管理が悪いと従業員に悪用されることも

みなさんは領収書を書いたことがありますか?

領収書を書くということは、もらった側から見ればその記載金額の代金の授受が証明されることになります。発行した側は売上げになります。通常、会社では領収書の発行について厳重に管理しています。領収書用紙に通し番号を打ち、複写様式、書き損じは捨てずに控え用紙に添付保管、責任者の押印をしたりしています。

フリーランスの方にありがちなのですが、相手に求められるままにその場で手書きの領収書を書いて、その後お金をもらったのかどうか忘れてしまいトラブルになることがあります。二重請求をして先方からのクレームになったり、請求せず売上計上しないと税務署から売上げをごまかしたことを指摘されたりします。最悪なのは、人を雇っていて、領収書の管理状態が悪く、従業員に領収書を悪用され、使い込みをされてしまうケースです。

領収書を理解して経費にすることも大事ですが、領収書を発行するのも同じくらい大事だということを肝に銘じておきましょう。

領収書偽造のパターン

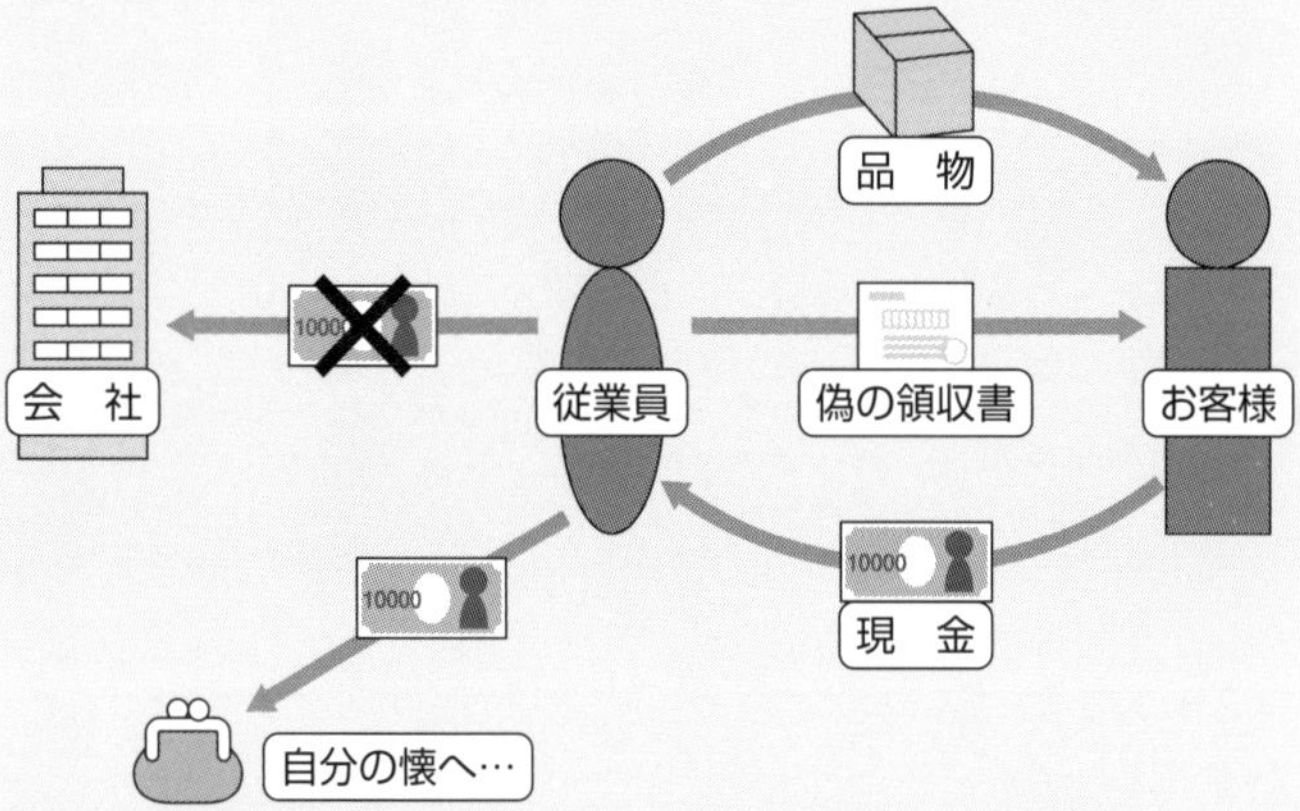

3 領収書がもらえない場合の対処法

◇「出金伝票」「給与明細」「交通費精算書」も経費の証明に

すべての支払いに領収書がもらえるわけではありません。頼んでももらうことができなかったり、祝儀や香典みたいにそもそも領収書をもらえないものもあったりします。

そのような場合にはどうしたらいいのでしょうか。諦めてはいけません。ここでは、領収書がもらえない場合の対処法を説明します。もらえない理由ごとに見てみましょう。

①社会通念上もらえない場合

仕事絡みの結婚式や葬式に行った時は、みなさんご祝儀やご香典を出しますよね。日本では一般的にご祝儀やご香典には領収書は発行されません。ちなみに北海道では発行されるそうです。

祝儀やご香典を渡した時に「領収書をください」なんて言えませんよね。そんな時は市販の出金伝票などに相手先の名前、金額、日時等を記入して保管してください。招待状や訃報の通知などは、その事実があったことを証明する書類として一緒に保管してください。

出金伝票の記載例

出金伝票　No＿＿＿＿　令和2年　4月　1日	承認印		係印	
コード		支払先	○○家	様

勘定科目	摘要	金額
交際費	香典	10000ー
合計		¥10000ー

《出金伝票添付書類例》

＿＿＿＿＿＿＿＿様

お斎の御案内

○○ ○○　　儀（享年××歳）

6月21日午前7時33分永眠いたしました
茲に生前の御厚誼を深謝いたしますと共に
謹んで御通知申し上げます
尚　通夜ならびに葬儀は下記により相営みます

記

1、通　夜　6月24日　午後7時00分より
1、葬　儀　6月25日　午前10時00分より
1、出　棺　6月25日　午前11時00分

式場　セレモニーホール

終了後 お斎を セレモニーホール　　にて
用意しておりますので御出席お願い申し上げます

令和2年4月

喪主　○○ △△

←出金伝票の添付書類例

②請求書しかもらってない場合

たとえば、商品を注文して実際に代金を支払った時に相手側から領収書を送って来ないケースがありますよね。この場合、領収書は必要でしょうか？

必ずしも必要ありません。

先に代金を支払っている場合に、相手から送られてきた請求書や納品書をよく見てみましょう。「請求書兼領収書」「納品書兼領収書」の表題になっていたり、「領収済」の文言が記載されていたりしませんか。こうした請求書や納品書も領収書の代わりになります。

では、代金を後で支払う場合、支払方法の違いで取扱いが変わるでしょうか？

支払方法が銀行振込である場合には、振込先が通帳や利用明細に記載されるので、支払いが現実にあったことを他の人に証明できますので、実質的に領収書の代わりになります。

現金である場合には、振込みと異なり支払いを証明することが難しくなりますので、領収書をもらってください。

③オークションで購入した場合

ネットオークションをした方なら経験があるかも知れませんが、オークションで落札して購入した商品について、出品者が領収書・請求書・納品書等の一切の書類を発行しないケースがあります。どうして一切の書類を発行しないのでしょうか？

もちろん出品者が脱税している可能性もありますが、出品者が個人的に使っていた家具等を売却している可能性もあります。税法上、個人がたまたま生活用動産を譲渡した場合には課税しないことになっています。しかし、生活用動産の譲渡を事業にしている場合には、課税されます。そのことを知っている出品者は、領収書等を出すと事業とみなされるのを懸念して、書類の発行をしないと思われます。

出品者が領収書等の発行に応じない場合は、落札した事実を示す画面印刷、クレジットや振込利用明細、商品を送ってきた際の封筒等を代替して使えば経費にできます。

④給与を支払った場合

給与をもらった場合、会社に領収書は出しませんよね。支払った給与を経費にするためには給与を支払った証明をする必要があります。この際、給与明細を作る、支払いを振込みにする、この2点に気を付けてください。支払いを振込みにするのは、支払った証拠を残すためです。現金だと架空人件費と思われてしまうかもしれません。

どうしても現金払いしなければいけない場合には、出金伝票や受領書に本人直筆で受取サインを書いてもらうなどしてもらいましょう。

「落札した事実」がわかる画面

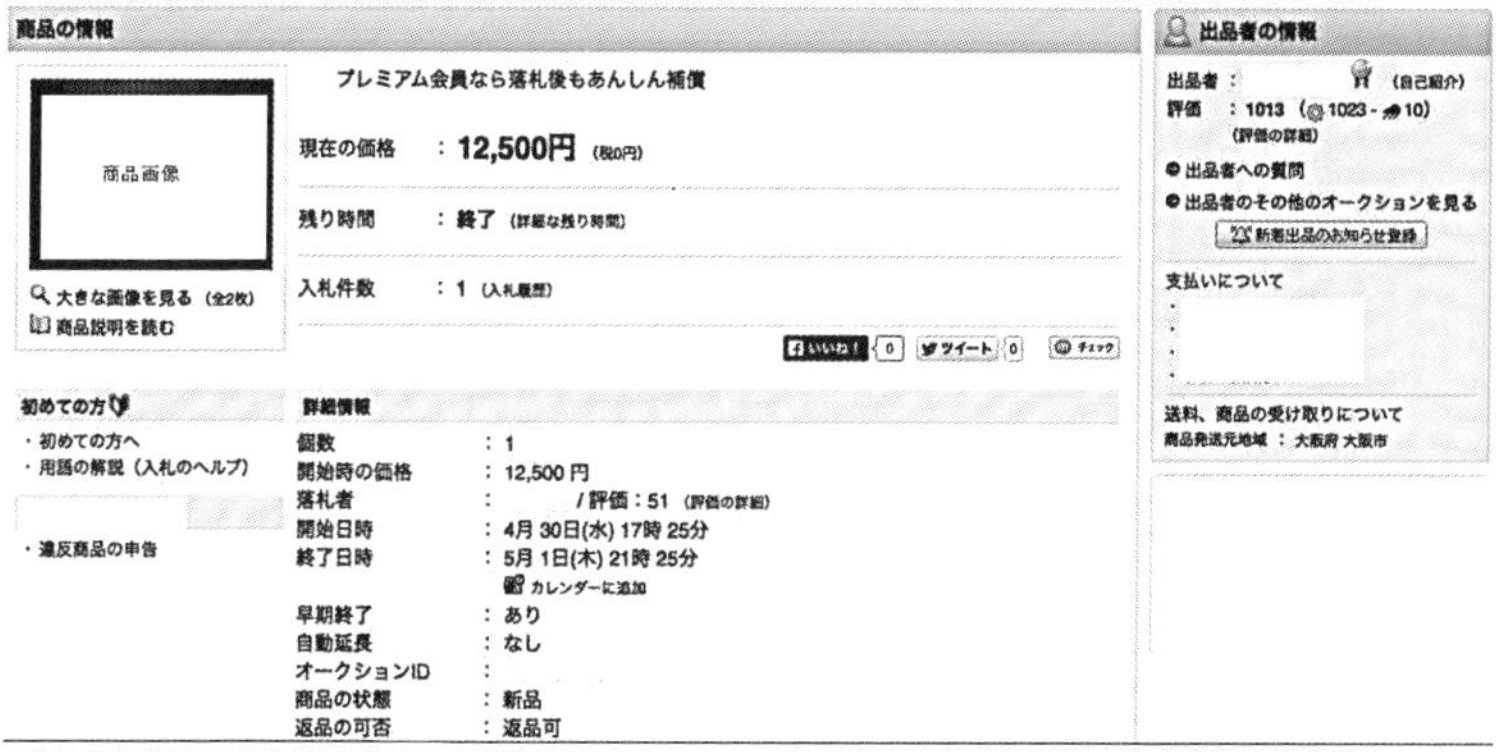

商品の情報

	プレミアム会員なら落札後もあんしん補償	
商品画像	現在の価格 : **12,500円** (税0円)	
	残り時間 : 終了 (詳細な残り時間)	
🔍 大きな画像を見る（全2枚） 📖 商品説明を読む	入札件数 : 1 (入札履歴)	

📘 いいね！ 0　🐦 ツイート 0　🔖 チェック

初めての方へ 🎓

・初めての方へ

・用語の解説（入札のヘルプ）

・違反商品の申告

詳細情報

個数	:	1
開始時の価格	:	12,500 円
落札者	:	/ 評価：51　(評価の詳細)
開始日時	:	4月 30日(水) 17時 25分
終了日時	:	5月 1日(木) 21時 25分
		📅 カレンダーに追加
早期終了	:	あり
自動延長	:	なし
オークションID	:	
商品の状態	:	新品
返品の可否	:	返品可

👤 出品者の情報

出品者	:	🎁 （自己紹介）
評価	:	1013 （😊 1023 - 👎 10）
		（評価の詳細）

◉ 出品者への質問

◉ 出品者のその他のオークションを見る

　🔔 新着出品のお知らせ登録

支払いについて

送料、商品の受け取りについて

商品発送元地域 : 大阪府 大阪市

給与明細の見本①

給与支払明細書

（令和２年３月分）

△△　△△　　　　殿

労働期間		自　令和２年　３月　１日 至　令和２年　３月 31 日
労働日数		22　日
労働時間		126　時間
時間外労働		4　時間
支給額	基本給	190,000
	時間外賃金	6,000
	家族手当	
	交通費	4,000
	合計	200,000
控除額	健康保険料	9,870
	厚生年金	18,300
	雇用保険料	600
	所得税	3,620
	住民税	1,600
	合計	33,990
差引支給額		166,010

会社名　　株式会社　※※※※

給与明細の見本②

※※※※商事株式会社		
令和2年3月分	給料明細書	
△△　△△		殿

部門名	経理
社印 No	2

令和2年3月分　　給料明細書

部門名	経理	社員 No	2	氏名	△△　△△

勤怠	労働日数	出勤日数	有休休暇日数	慶弔休暇日数
	20		1	
	欠勤日数	遅刻回数	早退回数	超勤時間
		1		7

差引支給額
217,556

支給	基本給	役職手当	資格手当	家族手当	時間外手当	通勤手当	
	270,000	20,000	30,000	5,000	17,000	16,800	
						不就労控除	総支給額
						0	358,800

控除	健康保険(介護)	健康保険(健保)	厚生年金	雇用保険	社会保険料	所得税	住民税
	2,864	15,792	29,280	1,076	49,012	6,420	6,800
					積立金	返済	控除計
					30,000	0	141,244

備考

⑤交通費

近距離の電車代やバス代では領収書はもらえませんよね。領収書をもらえるとしても移動のたびにもらっていたら時間がいくらあっても足りませんよね。

こういう場合には、「交通費精算書」を作成してください。エクセル等で自作したもので構いませんので、日時・行先・金額・目的がわかれば結構です。

また、Suica等をお使いの方は、ＩＣカードリーダーを利用して利用履歴を吸い出して交通費精算書を作成してはいかがでしょうか。

⑥割り勘で領収書がない場合

仕事に関係のある数名と飲みに行った場合に、割り勘で支払うケースがあるかもしれません。みんながフリーランスであれば、領収書を別々にしてくださいと言えると思いますが、言い出せないケースもあるかもしれません。

こんな場合は、お店の箸袋、ナプキン、名刺等なんでもいいので、日時・場所・相手・金額を記入して、出金伝票に転記しておいてください。ただし、これは緊急避難的なものですから、多用はできません。

交通費精算書の見本

					本人	

交通費明細書　　　　氏名 △△　△△

月	日	金額	行先	区間
4	1	160	※※※※商事㈱　打合せ	新橋～虎ノ門
	22	420	㈲○○商店　打合せ	小川町～新宿～小川町
	31	170	㈱□□□サービス　打合せ	新橋～麻布十番
合計		750	※　受領印	定期代　給与振込／現金支給

※　① タクシー代は領収証添付のこと
　　② 月末締で提出のこと（月1回請求）毎週金曜日支給（前日に提出）
　　③ 定期代給与振込にする場合　金額変更は明細書を提出

4 もらった領収書に不備がある場合の対処法

◇宛名は「空欄」や「上様」は避け、きちんと名前を書いてもらうこと

①印紙が貼っていない領収書は無効？

お客さんとの飲み会で会計して領収書をもらいました。その時は多少酔っぱらっていて領収書に印紙が貼ってあるかどうかを確認せずに、翌朝、領収書をよく見ると印紙が貼ってなかったという経験はありませんか？

印紙が貼っていない領収書は無効になるのでしょうか？

結論から言うと、無効にはなりません。また、領収書を受け取った側が印紙を貼らないことについて責任を負うこともありません。

領収書に貼るべき印紙を払うべきなのは、あくまでも領収書を発行した側です。

それでも、「印紙が貼られていない領収書は無効」と勘違いしている人や、「印紙が貼られていない領収書は怪しい」と疑う人が多いのも事実です。特に頭の固い経理の方……。

仕事に差し支えない範囲で、領収書を発行したお店に行って印紙を貼ってもらったほうがいいかもしれません。

②「上様」って誰？「空欄」ってどういうこと？

宛名が空欄の領収書や「上様」と書いてある領収書を見たことはありませんか？「上様」って誰のことでしょうか？

領収書は、お金を受け取った人からお金を支払った人に対して発行されるもので、お金の流れがあったことを証明する書類です。ですから、宛名が空欄の領収書や上様と書かれた領収書は、お金を支払った人が明記されていないとも言えます。「他の人がもらった領収書を流用しているのでは？」と疑われかねません。

実務上、上様と書かれた領収書であっても経費にはなりますが、説明するのにも時間がかかりますし、税務調査でも領収書には宛名を明記するようお叱りを受けたりします。無駄な苦労を避けるためにも、領収書にはできるだけ上様は使わず、宛名を空欄にしたりせず、きちんと名前、屋号、会社名を書いてもらうように心がけてください。

補足ですが、金額が空欄の領収書をもらった時に、「ラッキー、好きな金額を書いて経費にできる」なんて思っていませんか？

これは立派な脱税です。税務調査には、反面調査というものがあります。調査対象者の取引先等に対して実施されます。たとえば、Aさんに税務調査が入り、Aさんが発行した領収書にBさん宛てのものがありました。Aさんに内容を聞いても釈然としない場合にBさん本人に確認する調査のことです。

ですから、金額が空欄の領収書をもらっても、正しい金額を書いてもらいましょう。

③領収書を紛失した場合

領収書をもらったのにどこにしまったのか忘れていたり、トラブルで無くしたりした場合は、どうすればいいでしょうか?

支払いが振込等で証拠が残っているのであれば、支払いの事実は証明できるので何とかなりますが、現金支払いの場合はどうでしょうか。

一番いい方法は、領収書を再発行してもらうことです。ただし、領収書を発行する側は、基本的に売上げに計上しなければならないので、再発行に消極的なこともあります。その場合は、相手側領収書の写しのコピー等をもらうようにしてください。

また、領収書をもらった相手側が倒産してしまって連絡が取れないケースはどう対処すればよいでしょうか?

この場合には、出金伝票を作成し、メール、スケジュール帳、一緒に行った方の証言をもらうなどして取引内容を証明する努力をしましょう。

本調査と反面調査の関係

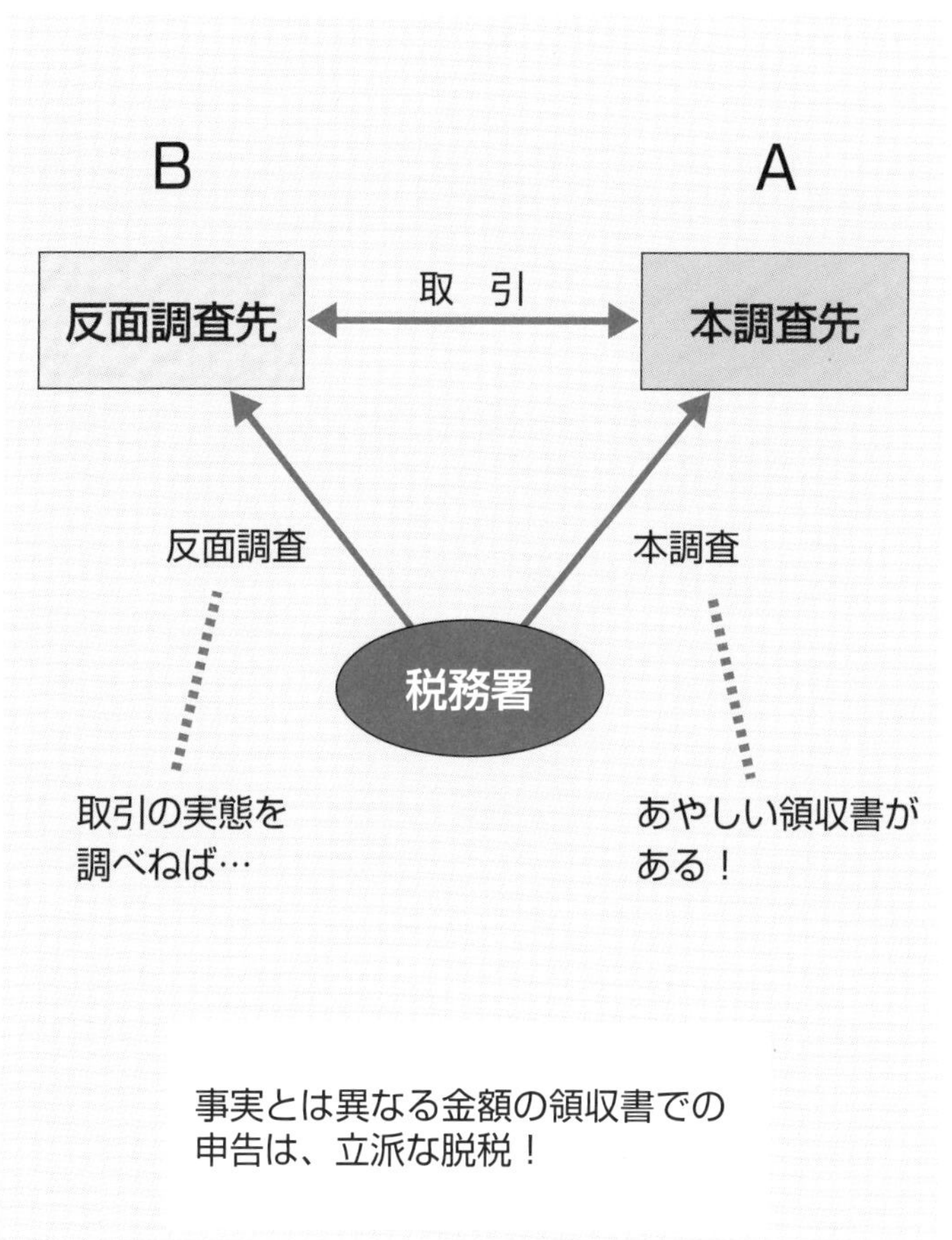

5 領収書はどのように保管すればいいのか

◇月別に封筒に入れて管理するか、日付順に台紙に貼って整理する

みなさんは領収書をどのように保管していますか。

確定申告が終わったらすぐに捨ててしまっていることはないですよね？

1年分をまとめて紙袋に入れて保管していたりしませんか？

乱雑に保管していれば、税務署の調査があった時でも調査に時間がかかって時間切れになって調査が終わる、なんて思っていませんか？

税務調査は、取引内容を確認した上で、申告内容が正しいかどうかをチェックするのが目的となります。領収書を乱雑に保管していれば、取引内容の確認に時間がかかるので、いつまでも調査が終わらず、日程延長を申し入れられるのがオチです。

また、取引内容自体も乱雑だと思われて心証も悪くなってしまいます。

自分の経験から言っても、領収書がきちんと保管されていて、調査官の要求どおりの資料がスムーズに渡せた場合のほうが、税務調査が早く終わる印象があります。

ですから、みなさんも領収書はきちんと保管してください。

でも、領収書整理に時間がかかって本業が疎かになるのは本末転倒ですから、時間と労

力を考えてください。簡単な保管方法ほどいざ税務調査になったら時間がかかるということは承知しておいてください。

そこで、タイプ別の適切な保管方法を説明しておきましょう。

①時間のない方

・封筒を12枚用意してください。

・封筒に1月～12月まで書いてください。

・領収書を月別(領収書が多い場合には、週別や日別でまとめてホチキス止め)に分類してそれぞれの月に対応した封筒の中に納めてください。

この際、大きい金額の領収書があった場合には、裏に思い出せる範囲で内容を書いておくとベターでしょう。

②時間が多少とれる方

・ノートかA4用紙を用意してください。

・領収書を日付順に整理してください。

・日付順に領収書をのり付けしてください。

この際、大きい金額の領収書があった場合には、余白に内容を書いておくとベターでしょう。

③時間がとれる方や手伝ってくれる人がいる方

②の保管方法に加えて、帳簿の伝票番号を領収書の脇に記入してください。

②のA4用紙を使って領収書を整理される方は、できるだけプリントやコピーを失敗した裏紙は使わないように注意してください。

なぜなら、領収書を整理したものを税務調査の際に見てもらうわけですが、その台紙に金額を一桁間違えて印刷してしまった請求書があったらどうなるでしょうか？

調査官に「売上げを過少計上しているのではないか？」という余計な疑念が生まれてしまいますよね。これでは、調査を手際よく進めるためにやったことが、かえって時間がかかる羽目になってしまいます。

レシートと伝票番号の一致事例

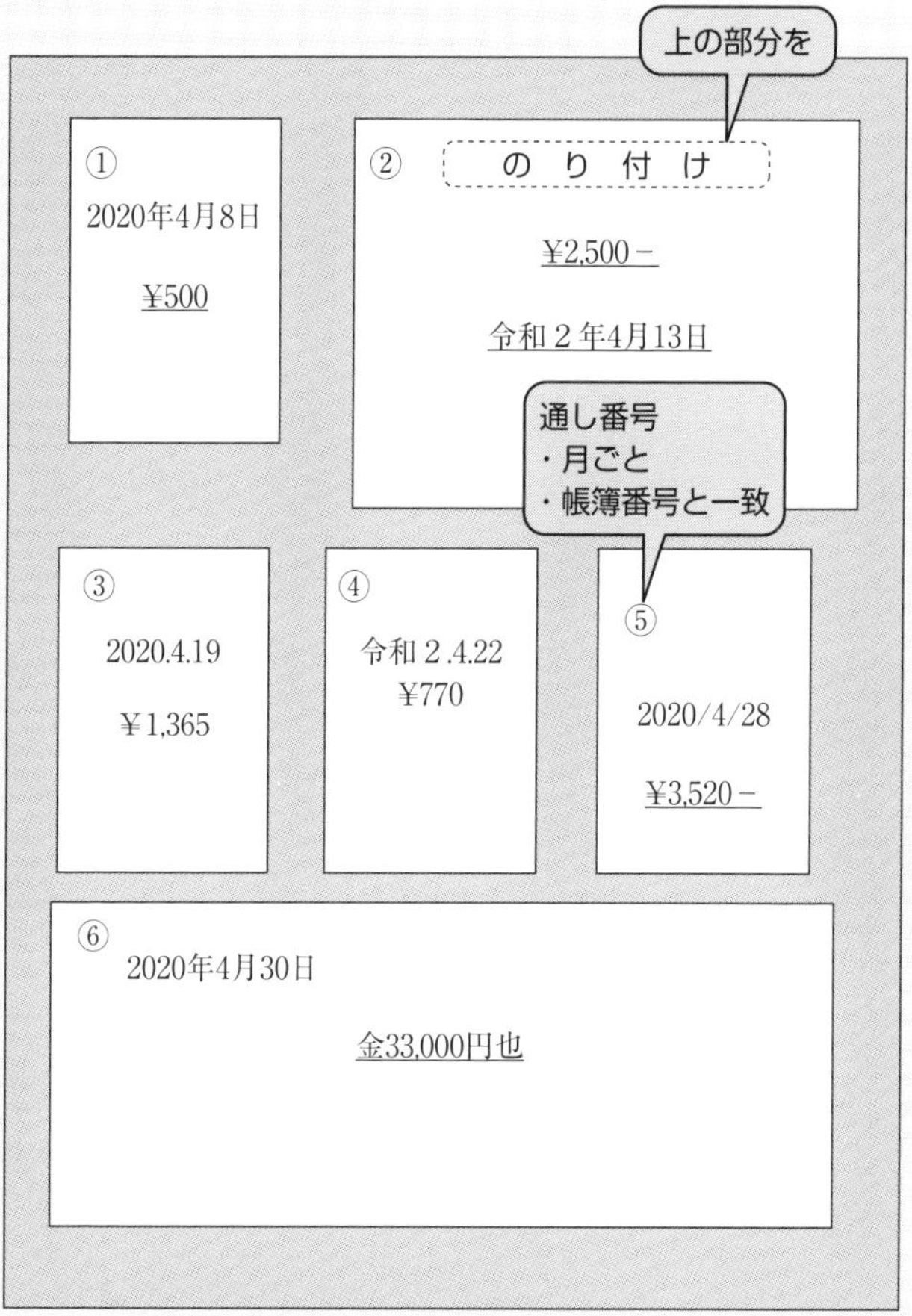

(1) 月ごとに日付順に並べ
(2) 通し番号を振り（帳簿の番号と相番に）
(3) スクラップブックや白紙にのり付け

6 領収書はスキャナ保存することができる！

◇ルールを守らないと認められない

領収書の保管は、紙ベースで保存しなければならないため、意外と手間がかかります。取引が多ければ、領収書の枚数が増えてしまい、スペースの確保にも一苦労してしまいます。スペース確保に窮してしまい、レンタル倉庫や、実家の空き部屋を借りる方もいらっしゃいます。

紙による保存は、時間と金銭の負担が多いことから、経済界を中心に見直しの要望を受け、**スキャナ保存**をすることができるようになりました。

スキャナ保存の大きなメリットは、領収書をスキャナで読み取りそのデータを保存すれば、原本を捨てることができることにあります。領収書を整理・保管する手間も省くことでき、領収書を保管するスペースを確保する必要がなくなります。

もちろん、きちんとしたルールに従って領収書をスキャンしなければ認められませんので、そのルールを見ていきましょう。

※領収書のみでなく、契約書・請求書・納品書・見積書等の書類も同様にスキャナ保存が可能です。

国税関係書類の電磁的記録によるスキャナ保存の承認申請書

国税関係書類の電磁的記録によるスキャナ保存の承認申請書 （スキャナ）

税務署受付印

※整理番号	

令和　年　月　日	（フリガナ） 住所又は居所 （法人の場合） 本店又は主たる事務所の所在地	（電話番号　－　－　）
	（フリガナ） 名称（屋号）	
	法人番号	
税務署長殿	（フリガナ） 氏名 （法人の場合） 代表者氏名	印
（所轄外税務署長） 税務署長殿	（フリガナ） （法人の場合） 代表者住所	（電話番号　－　－　）

電子計算機を使用して作成する国税関係帳簿書類の保存方法等の特例に関する法律第４条第３項の承認を受けたいので、同法第６条第２項の規定により申請します。

1　承認を受けようとする国税関係書類の種類、書類の保存に代える日及び保存場所等

書類の種類 根拠税法	書類の種類 名称等	書類の種類 ファイル形式	書類の保存に代える日	納税地等及び保存場所（異なる場合は二段書きで記載）	書類区分	関連帳簿
			年　月　日		□重要 □一般	
			年　月　日		□重要 □一般	
			年　月　日		□重要 □一般	
			年　月　日		□重要 □一般	
			年　月　日		□重要 □一般	
			年　月　日		□重要 □一般	
			年　月　日		□重要 □一般	
			年　月　日		□重要 □一般	
			年　月　日		□重要 □一般	

税理士署名押印	印

※税務署処理欄							
同時提出申請書			回付先				整理簿
個人（消費）・資産・資料・法人（消費）・源泉 諸税・酒（　）			管理運営 ⇨ 個人・資産・資料・法人・源泉 諸税・酒・局（　）				
通信日付印	確認印	みなし承認年月日	入力年月日	入力担当者	番号確認	（摘要）	
年　月　日		年　月　日	年　月　日				

（1／4）

ルール1　税務署長に申請する

紙での保存が原則であり、スキャナ保存は例外であるため、「国税関係書類の電磁的記録によるスキャナ保存の承認申請書」を、スキャナ保存を開始する日の3カ月前までに税務署長に提出しなければなりません。

ルール2　要件を満たした機器を用意する

領収書を読み取って画像で残したものが原本の代わりになるので、不明瞭な画像は認められません。具体的には、200dpi相当以上でカラー画像による読み取りが可能であることが要件とされていますが、複合機だけでなく、スマホでも要件を満たしていれば問題ありません。

ルール3　ルールに従った運用

原本に代わって電子データで保存できるメリットがある代償として、ルールに従った運用が求められます。たとえば、領収書を半年分まとめて電子データを作成する、という運用では認められないということです。主な運用上のルールとしては、次のようなものがあります。

①入力等期間

領収書を受領した場合、一定期間に記録事項の入力をする必要があります。

・早期入力方式　　おおむね7営業日以内
・業務処理サイクル方式　　最長2か月と7営業日以内

②タイムスタンプ

㈶日本データ通信協会が認定するタイムスタンプを受領した領収書に付与する必要があります。受領者自らが行う場合には、受領して3営業日以内に、署名・読取・付与までしなければなりません。

③チェック体制

相互チェック、税理士等のチェック体制を整える必要があります。

④会計帳簿との連携

スキャナ保存したものと会計帳簿との関連性が確認できなければなりません。

こうして見ると、ネックとなるのは、ルール3ですが、スキャナ保存に対応したサービスを提供している会計ソフトがありますので、そのような会計ソフトを採用すれば、比較的楽にスキャナ保存が可能となります。一人でやっている個人事業や会社であっても可能です。

7 領収書はいつまで保管すればいいの？

◇領収書の保管期間は税法で定められている

領収書を正しく保管できるようになりました。

領収書はいつまで保管すればいいのでしょうか？

1年？　2年？　領収書の保管期間は税法で定められています。

よく税務調査が終わったらそれまでの領収書は捨ててもいいと思っている方も多いですが、そうじゃありませんので、注意してください。

スキャナ保存をしても保管期間は変わりませんので、ご注意ください。

また、不動産等の領収書は決して保管期間が過ぎたとしても捨てないでください。将来譲渡した時に、買った金額がわからないと税金が大きく変わる可能性もありますので、注意が必要です。

帳簿書類の保存期限

（1）個人事業の場合

《青色申告の場合》

帳簿書類		保存期間
帳簿	総勘定元帳、仕訳帳、現金出納帳　等	7年
決算関係書類	申告書、貸借対照表、損益計算書　等	7年
現金預金取引等関係書類	請求書、領収書、預貯金通帳　等	7年 （前々年分所得300万円以下の方は、5年）
その他の書類（証憑類）	契約書、見積書、注文書、納品書（控）等	5年

《白色申告の場合》

保存が必要なもの		保存期間
帳簿	収入金額や必要経費を記載した帳簿（法定帳簿）	7年
	業務に関して作成した上記以外の帳簿（任意帳簿）	5年
書類	決算に関して作成した棚卸表その他の書類	5年
	業務に関して作成し、又は受領した請求書、納品書、送り状、領収書などの書類	

（2）法人の場合

黒字の事業年度	7年
赤字の事業年度（平成30年4月1日以後開始）	10年

コラム②経理担当者はここを見ている！

会社にお勤めをしていた（している）方で、経理担当がうるさいと思ったことはありませんか？


「この出金依頼書、記入不足で通りませんから、もっと詳しく記入してください」

「ここの合計欄が計算間違いしているので出しなおしてください」

「売上伝票は期日通り持ってきてくれなければ困ります」

「○○株式会社の入金が遅れているから催促の電話をしてください」などなど。


経理は、「経費管理」の真ん中 2 文字を略したものとよく言われます。簡単に言うと、「会社の売上げがいくらあって経費をどれくらい使って利益がどれだけになったか」を計算したものをトップに報告するのが仕事です。トップはこの報告に基づいて経営方針を決めます。


利益を計算するためには、すべての取引について客観的資料によって確認します。領収書だけでも色々神経を使います。架空領収書・架空請求書のような不正がないように注意もしなければなりません。

みなさんが会社の社長だとして、会社利益がいつまで経ってもわからないとしたらイライラしますよね。経営をするためには、ある程度のスピード感が必要です。某上場会社では、締日後 3 日程で決算を作成しているほどです（しかも月ごとに）。会社の規模の差こそあれ、経理担当は早く経理数字をまとめなくてはならないというプレッシャーを社長はじめ経営陣から受けています。

このように、経理担当は、「客観的」「スピード感」の 2 点を見ています。この 2 点は、会社のトップも同様に要求していますから、「経理担当はここを見ている」イコール「社長はここを見ている」なんです。

第 2 章

「経費」がわかればお金の流れがわかる

1 経費って何だろう?

◇仕事の経費と個人的な経費に二分される

領収書をきちんと用意できたからといって、「この領収書全部を経費にできるぞ!」と思っていませんか?

残念ながら、答えは「ノー」です。

たとえば、お酒を飲むにしても、お得意様と飲む、同業他社の人と飲む、仕事の仲間と飲む、家族と飲む、友達と飲む時など、いろいろな場面があります。

これらの中で経費になるのはどの場面でしょうか?

一概には決められないですね。家族でも一緒に仕事をしているケースならば複雑です。領収書を経費で落とすためには、経費を理解することがとても大切です。

みなさんは、「経費」と聞いたら何を思い浮かべますか?

一般的には費用のことです。みなさんが何かを買ったり、サービスを受けたりした時に支払うお金のことを言います。

所得税では「必要経費」、法人税では「損金」と呼び方は変わりますが、ほぼ同じ意味で使われています。これから説明するのに「必要経費」と「損金」とを使い分けるのは大変なので、これ以降は「経費」で統一します。

税金はみなさんの「もうけ」＝「利益」に課せられます。利益が大きいほど払う税金は大きくなります。

収入から支出を差し引いたものが「利益」になります。支出にあたるものが「経費」になります。経費が大きければ大きいほど利益が少なくなって、支払う税金は少なくなります。

経費は大きく二つに分けられます。

仕事の経費と個人的な経費です。

この二つに分ける作業は、とても大変です。みなさんの仕事の内容でも変わってきますし、その経費が発生したシチュエーションによっても変わります。考え方ひとつで大きく変わるものです。

ところで、どう考えても個人的な経費にしかならない生命保険料、国民年金保険料、医療費等の支出であっても、「所得税額控除」という仕組みで税金がかからないようになっています。詳しくは第3章で説明をしますが、それまでその領収書は捨てないでください。

仕事の経費にするには考え方のコツがあります。次からそのコツをご説明します。

具　　体　　例
従業員・使用人兼務役員への給与や諸手当（扶養手当・通勤手当など）
厚生年金保険料、健康保険料、雇用・労災保険料などの会社・事業主の負担分
慶弔費、健康診断、予防接種、慰安・親睦会費、茶菓代
事務所・社宅家賃、（月極）駐車場・建物・倉庫の賃借料
建物、構築物、車両、機械等の減価償却費
コピー機、コンピューター、電話機等のレンタル料やリース料
火災保険料、損害（賠償）保険料、生命保険料、盗難保険料
建物・機械・備品等の保守管理料や修理・修繕費、解体費用、原状回復費
水道料金、電気料金、ガス料金、冷暖房費、灯油代
会場使用料、茶菓・弁当代
接待のための飲食代・宴会費、タクシー代・送迎費、ゴルフプレー代、慶弔費
新聞購読料（定期）、書籍・雑誌などの購入代金
通常会費、同業者組合費、商業組合費、分担金、協賛金、町内会会費
印紙税、事業所税、固定資産税、登録免許税、加算・延滞税、交通犯則金
通勤費用（定期券代、ガソリン代）、電車賃、バス代、宿泊費、有料道路通行料、駐車料金
電話代、インターネット・Eメール代、切手・送料、小包料金
伝票代、筆記用具・文房具代、コピー用紙代、便箋・封筒代
事務用品、机・椅子第、ロッカー代
広告費用、会社案内、カタログ・チラシ・パンフレット代、求人広告費、景品代
ガソリン代、定期点検代、車検代、整備費用
包装材費用、梱包用材料費、発送費用、運送料
送金手数料、税理士等の報酬、コンサルタント報酬
研究用資材代、研究用設備の減価償却費、実験用原材料、委託研究費、新市場開拓費
廃棄物処理代、ビル・部屋の清掃代、賞金・報奨金、テレビ受信料

勘定科目一覧

勘定科目	内　　　容
給料手当	従業員に対して支払われる給料・賃金
法定福利費	会社負担の社会保険料の支払額
福利厚生費	従業員の健康増進・レクリエーションなどのための支払
地代家賃	土地、部屋の賃借料
減価償却費	使用や時間の経過により固定資産の価値の減少分を費用化したもの
賃借料	他者の物品を借りて使用する時の費用
保険料	保険（災害や事故などによる損失に備えるためのもの）費用
修繕費	建物、機械・備品などの有形固定資産の機能維持・原状回復のための費用
水道光熱費	水道・電気・ガスなどの費用
会議費	業務に関連する会議・打合せにかかる費用
交際費	得意先などの接待などのための費用
新聞図書費	新聞、雑誌、本などの購入費用
諸会費	様々な組織や協会の会費
租税公課	法人税・所得税・住民税・事業税を除く税金や賦課金
旅費交通費	通勤、外出・出張にかかる費用
通信費	通信のための費用
事務用品費	事務用に使用する少額の物品購入費用
消耗品費	業務に関する物品で、取得価額が10万円未満また試用期間が1年未満のもの
広告宣伝費	商品や会社の広告や宣伝を行うための費用
車両費	自動車などの車両を維持管理するための費用
荷造運賃	商品・製品の包装や運搬のための費用
支払手数料	他社に業務を委託する時に支払うもの
研修費	新製品や技術などの開発のためにかかる費用
雑費	他の勘定科目に入れることが適切でない費用

2 その経費、仕事と関係ありますか？

◇売上げに直結しない支出を「仕事の経費」と説明できるか

領収書をしっかりそろえて、お金を支払ったことはきっちり証明できても、肝心の経費の内容が仕事と関係のないものであったら、経費にはなりません。

「この経費が仕事と関係ないなんてわかりっこないよ」と甘い考えで経費として落とすと、税務調査で悪質とみなされて重加算税を課せられてしまいます。

たとえば、飲食店を営んでいてお客さんに飲ませる飲み物や食べ物を購入した場合、これは明らかに仕事と関係していますよね。なぜなら、売上げに直接に関係しているものですから。これは問題なく経費で落とせます。

他人をウェイトレスとして雇ってお給料を支払った場合、これも明らかに仕事のための経費ですよね。なぜなら、他人に支払うお金だから自分には少しも還元されませんから。これも問題なく経費で落とせます。

売上げに直接的に結びつく支出は、基本的に経費で落とせます。仕事との関連性を説明する必要すらありませんからね。

逆に言うと、売上げに直接結びつかない支出を経費で落とすには、仕事との関連を説明する必要があるということになります。

たとえば、あなたがイタリア料理のお店を営んでいるとします。お客様に美味しい食事を提供するために、新しいメニューを開発するために、隣町にある美味しいと評判のお店でデートを兼ねて外食したとしましょう。

新メニュー開発に成功したら、経費になるのでしょうか？
デートのお相手がグルメであれば、経費になるのでしょうか？
評判のお店がイタリアンだったら、経費になるのでしょうか？

その経費が仕事に関係しているかどうかを説明するのは、結局は自分自身です。はたから見れば私的な支出であっても、仕事に結びつくことだということを説明し、いかに納得させることができるかということです。

では、そのコツを次からお話しします。

3 領収書なしでも「経費」で落とすコツ①

◇家族からの借金にも「借入契約書」を作成しておく

経費は一般的に領収書により証明することができます。先ほどご説明したように、仕事に関係があるものだけが経費として認められるわけですから、その領収書が事業に関係があることを明らかにすることが非常に大切です。

領収書だけでも、仕事の内容を考えたら、明らかに仕事と関係しているものがわかるものもあります。これについては説明をするのも楽ですが、仕事のために使用したか、プライベートで使用したかが曖昧なものも数多くあります。

また、領収書を出してもらえる支払いについては、仕入先やお店等に領収書を請求すればいいわけですが、現実には領収書が出ないような支払いもあります。

その支払いが事業に関係があることの証明や、領収書が出ない支払いについては、自分で証明しなければいけません。そのためには、さまざまな工夫が必要となりますが、その方法を説明したいと思います。

税務調査では、口頭であってもきちんと説明できればいいと思っていませんか？

税務調査では、通常過去3年の申告が対象となりますが、3年前のことを正確に覚えていますか？　私なんかは一昨日の夕食に何を食べたのか覚えていないくらいなので絶対に無理です。スケジュール管理をマメにやっている方でも1年前が精一杯でしょう。また、口頭できちんと説明できたとしても、後付の理由だと疑われてしまうこともあります。

◎親しき仲にも契約書あり

仕事を行う上でさまざまな支払いがあり、毎月定額に発生するものが数多くあります。たとえば、家賃・駐車場の支払い、借入返済に伴う利息の支払い、不動産管理等委任業務対価の支払いなどがあります。

第三者との取引であれば、きちんと契約書が作成されますよね。でも、取引相手が友人や親戚であったり、自分が作った会社であったりしたらどうでしょうか？　契約書を作っていないケースが多いのではないでしょうか。

税務調査では、取引に経済合理性があるかどうかを調べます。経済合理性には、形式からの面と実質の面があります。第三者であれば必ず契約書を作成する取引なのに、自分に近い間柄という理由だけで契約書がなければ間違いなくチェックを受けます。したがって、自分に近い間柄であっても、毎月支払う経費であれば必ず契約書を作成してください。

たとえば、事業所を他人から借りる場合には、必ず賃貸借契約書を結び、毎月の家賃、共益費、水道光熱費の金額や支払時期を決めます。毎月の支払いに対する領収書はありませんが、支払わないと契約上退去することになり、契約書に記載してある家賃と実際の支払いが一致していれば、事業に関係する経費であることを証明することができます。

事業を始めたばかりの頃は、親の所有する家屋の一部を借りたり、自宅に会社を立ち上げたり、友人名義の事務所をシェアしたりすることが多く見受けられます。こうした場合、親・自分・友人に家賃を支払うときは経費として認められます。仕事と関係していることを証明するためには毎月領収書をもらうことも一つの方法ですが、まずは賃貸借契約書を作成するといいでしょう。

場所や広さを基準として、通常支払うべき家賃がどの程度かかるかを、不動産賃貸のチラシなどで事前に調べて金額を決めることが大切です。

近い間柄であると領収書をもらうことはもちろん、賃貸借契約書の作成もしないで済ませることが多々あります。このような状態で事業上の経費に計上しますと、税務署の税務調査で、調査官に対して経費を主張することが難しくなることがあります。

親しき仲にも契約書を作成して、契約書の通りに家賃を支払うことで、税務署に説明すると経費が認められやすくなります。

コラム③不動産賃貸借契約の印紙について

土地の賃貸借契約は、印紙税がかかることになっています。
印紙税法では「土地の賃借権の設定に関する契約書」に該当すると印紙が必要になると規定されています。
しかし、土地の賃借に該当しない建物や施設、物品などの賃貸借契約には印紙税がかかりません。

よくある話では、駐車場の賃貸借契約について、その内容が土地の賃貸借であるのか、あるいは駐車場という施設を賃貸借するものであるのかによって、印紙税の取り扱いが異なってきます。

住宅についても土地付き建物をそのまま借りて住むか、土地を借りて家を建てて住むかによって印紙税の取り扱いが異なります。

駐車場を借りるための契約の形態には、駐車する場所としての土地を賃貸借する場合、車庫として借りる場合、駐車する場所として更地を賃貸借する場合などが考えられますが、契約内容が駐車場として利用（車庫として利用）すると記載があれば印紙が不要で、更地の利用（土地のみの利用）であれば印紙が必要となります。

住宅も土地付き建物を借りる場合には印紙が不要ですが、土地を借りて建物を建てる場合の土地の賃借には印紙がかかってくるわけです。

自宅兼事務所の「賃貸借契約書」の作成例

賃貸借契約書

賃貸人 ○○○○(以下甲という) と賃借人 ×××× (以下乙という) とは、甲の所有に係る本契約書第１条に記載の物件の賃貸借につき、次のとおり契約を締結する。

(物件の表示)

第１条　甲は下記物件を乙に賃貸し、乙は乙の従業員寮として使用する目的をもって、これを賃借する。

記

所　在　東京都千代田区神田錦町△丁目△番△号

構　造　木造スレート葺２階建

床面積　２０㎡

(賃借料)

第２条　賃借料は月額８０，０００円とし、毎月末までに翌月分を甲の指定する金融機関の口座に振込むものとする。

(賃貸借期間)

第３条　賃貸借期間は令和２年６月１日から令和２年５月３１日までの２年間とする。ただし、乙が期間満了の３ヵ月前までに相手方に対して、何等かの意志表示のない場合は、本契約は自動的に更に２ヵ年間延長されるものとし、以後も同様とする。

本契約を明確にするため、契約書２通を作成し、甲乙各一通を保持する。

令和２年６月１日

賃貸人 (甲) 東京都千代田区神田錦町△丁目△番△号
○ ○　○ ○

賃借人 (乙) 東京都千代田区神田錦町△丁目△番△号
× ×　× ×

◎家族からの借り入れにも貸借契約書を作成する

飲食店などで多額の設備投資が必要な事業を始めるに際して、お金を借りて事業をスタートします。銀行など金融機関から借りる場合には、利率、月々の返済金額、返済期間など借入れ条件を取り決める借入契約書（金銭消費貸借契約書）を結びます。毎月の返済には、領収書が出ませんが、借入契約書に基づき支払われる返済については、その元本と利息の支払いの事実を証明することができます。

金融機関からのお金を借りるほどでもないけれど、自己資金だけでは事業資金が足りないということで、親や兄弟など家族からお金を借りるケースや、自分の会社に自ら貸付を行うケースがよくあります。近い間柄ですと、借入条件を詳細に決めない場合が多く、不定期に返済したり、利率も決めたりしないことから、借入残高がお互いにわからない状態になっていることがよくあります。きちんと借入契約書を作成して、借入条件を明記することで、利息を事業の経費にすることもできます。

「金の切れ目が縁の切れ目」と言われますので、経費にするためにはもちろん、親しき仲でもお互いにトラブルにならないように借入契約書の作成をおすすめします。

ちなみに借入契約書は、消費貸借に関する契約書になり、収入印紙の貼付が必要になります。

金銭消費貸借契約書

金銭消費貸借契約書

第１条　貸主○○○○(以下甲という)、令和２年６月１日、金５００万円を貸し渡し、借主と賃借人 ×××× (以下乙という) はこれを受け取り借用した。

第２条　乙は、上記元金を令和２年７月から毎月末限り金１０万円、○回に分割して返済しなければならない。

第３条　利息は、年１％とする。
ただし、利率は甲乙協議の上、変更することができる。

上記のとおり甲乙間に金銭消費貸借が成立したので、本証書２通を作成し、各一通を保有する。

令和２年６月１日

貸主（甲）東京都千代田区神田錦町△丁目△番△号
○ ○　○ ○

借主（乙）東京都千代田区神田錦町△丁目△番△号
× ×　× ×

金銭消費貸借契約書の印紙税

	契約金額	印紙税
金銭消費貸借契約書	1万円未満	非課税
	10万円以下	200円
	50万円以下	400円
	100万円以下	1,000円
	500万円以下	2,000円
	1,000万円以下	10,000円
	5,000万円以下	20,000円
	1億円以下	60,000円
	5億円以下	100,000円
	10億円以下	200,000円
	50億円以下	400,000円
	50億円超	600,000円
	契約金額の記載がないもの	200円

◎人を雇うなら雇用契約書を作成する

事業が軌道に乗って売上げが増えると、人手が足りなくなるものです。人を雇うと費用がかかりますが、事業拡大に向けて避けては通れないものなのかもしれません。

人を雇う時は、まず求人広告や知り合いのつてなどで紹介をしてもらうことになります。実際に採用する時には、その人と面接をして、月給、賞与その他の条件の取決めをして、働いてもらう日から、一般的には毎月給与として支払いをすることになります。

毎月の給与については、事業に関係のある費用ですから、事業上の経費にはなりますが、領収書をもらうことはまずしません。採用時点の条件に基づいて支払っていれば、給与として支払った事実を証明することができます。

従業員を雇う場合には、お互いに条件を決めますが、文書ではなく、口答により決めてしまうような場合が多々見受けられます。求人広告や面接ではこうだったけど実際は違ったなど、後でその時に「言った、言わない」とトラブルになるケースもあるようです。

少しなじみがないことかもしれませんが、労働契約書（雇用契約書）を作成することにより、将来の事業上の仲間とのトラブルを避けましょう。人を雇う際は、書面により労働条件を提示することが労働基準法で義務付けられていますので。

親しき仲にも契約書の作成は、ここでも重要だということです。

雇用契約書の作成例

雇　用　契　約　書

1	雇用内容	
2	雇用期間	1. 期間の定めなし 2. 期間の定めあり 令和　　年　月　　日 から 令和　　年　　月　　日 まで
3	就業場所	甲が指定した場所（　　　　　　　　　　　　）
4	就業時間	午前9時00分から午後6時00分まで(休憩時間は12時～13時とする) 但し業務の都合上　就業時間・休憩時間を変更する場合がある。
5	休日	土・日曜日及び祝祭日、年末年始、夏期休暇 但し、業務の都合により上記休日を変更させ就業する場合がある。
6	給料	基本給　　　　,000円 ○○手当　　　　,000円 総支給額　　　　,000円 締切日、支払日・　毎月20日締め翌月25日支払
7	昇給	年1回（4月） 但し会社の業績　または個人の成績により改定しない場合がある。
8	賞与	年2回（6月と12月）
9	支払方法	銀行口座へ振込

本契約に規定されていない事項は、甲乙協議の上、定めるものとする。

（甲）東京都千代田区神田錦町△丁目△番△号
○○　○○

（乙）東京都練馬区高野台△丁目△番△号
××　××

コラム④生計同一親族に支払った対価の取り扱いについて

生計が同一というのは、お財布が一緒ということであり、日々の生活費が一緒のことを言います。二世帯住宅のように同じ家に一緒に暮らしていても、お財布が別々であれば、生計は別になります。

税法上、生計を一にする配偶者その他の親族に、給料・家賃・借入金等の利子を支払っても、その支払った金額は、原則として、必要経費に算入することはできません。これは、家族間での所得分散による課税逃れを防ぐためのものです。

したがって、親から部屋やお金を借りて家賃と利息を支払っても、生計が同一であれば経費になりません。生計が別なら経費で認められて、生計が同一なら経費として認められないなんて不公平ですよね。

そのため次の例外があります。

「対価の支払を受けた親族にその支払の対価を得るために要する必要経費とされる金額がある場合には、その金額を事業主の必要経費に算入できる。」とあります。

たとえば、親が第三者からマンションを借りていて、事業を営む子供に貸した場合には、親が支払った家賃のうち事業に関連する部分を経費にするということです。親の持家であれば、火災保険料、固定資産税、家屋の減価償却費、修繕費等のうち事業に関連する部分が経費になります。

このように間接的に経費になります。

それとは別に生計同一の親族に給与を支払った場合には、「専従者給与」と呼ばれ、一定の要件を満たし、税務署に届出をすれば経費として認められます。専従者給与についてはのちほど詳しくご説明します。

4 領収書なしでも「経費」で落とすコツ②

◇メモと報告書は作るが吉。〝証拠写真〟があればなおよし

領収書は経費の支払いの証明となります。それが仕事に関係があることの証明は、内容が細かく記載された契約書とは異なり、領収書だけでは不十分であることが多いのです。仕事で必要なものの購入か、個人的なものの購入かは、店の名前と金額だけでは証明することはできません。レシートに購入明細があればその内容で確認することができますが、レシートに内容が書かれていない場合や、わかりにくい場合もあります。税務調査の際に、記憶が曖昧であったり、説明のし方によっては信憑性が伝わらなかったりします。

そこで、領収書を綴じた余白部分（時間がなければ領収書の裏）に内容のメモ書きをします。飲食代では、どのような関係の誰と食事をしたかをメモ書きするとより仕事と関係のある支払いであることを説明しやすくなります。

債権の回収が不可能になった場合などには、相手の状況や今までの経緯等を報告書にまとめて、貸倒れた金額を事業上の経費として認めてもらうようにしましょう。仕事の関係で海外などの長距離出張をした場合には、出張報告書を作成しましょう。

◎スマホで証拠写真を撮っておく

経費が仕事に関係しているかを証明する方法には、領収書、契約書、メモ書きなど、さまざまなものがありますが、最近ではその状況を客観的に証明するために、スマホなどで写真を撮っておく方法もよく使われるようになりました。

日付や状況が写真により証明できますので、その支払いが偽造などと疑われることを防止することができます。

出張や旅行に行ったことの証明には、訪問先の写真を撮っておくといいでしょう。領収書が出ない祝い金、香典、贈答などについては、祝い金などを渡す封筒を写真に撮っておくのもいいですが、訪問先の写真は客観的な事実としての証明ができます。

事業上の経費として認めてもらうためには、支払った事実の証明と、事業に関係があることの証明が大切ですので、こうした方法以外にも自分なりにさまざまな工夫をして、その事実を証明しましょう。

出張報告書の事例

出　張　報　告　書

提出日：　　　年　　　月　　　日

所　　属		氏　　名	
出 張 先			
期　　間	年　　月　　日（　）～　　年　　月　　日（　）		
目　　的			

内　　容

所　　感

5　家事共用分を経費で落とすポイント

◇事業使用分と家事使用分で経費を按分するのが基本

個人で事業を行う場合、費用の支払いの中に、事業に関係があるものと、プライベートで使用しているもの（家事費と言います）との区別がつかないようなものがあります。

このような場合には、その費用が、事業の内容、事業で使用している頻度、自身の生活状況に照らして、どの程度事業で使用しているか、どの程度家事使用しているかを検討することになります。

そして、事業使用分と家事使用分で経費を按分すること（事業費率按分、家事費按分などと呼びます）で、事業に関係がある経費として算出します。

たとえば、自宅の電話代、自身で使用する携帯電話料金、インターネット料金などのような通信費については、自宅の電話をどの程度事業で使用しているか、携帯電話をどの程度事業で使用しているかを検討して、事業費按分をするといいでしょう。一日の仕事の時間での按分ですと、1月分の費用に対し、月30日で、休日が週何回か、一日の仕事時間が何時間かなどを考慮して決めることが一般的です。

事業で自動車を使用する場合には、ガソリン代、車検代、修理代、自動車保険料、自動車税、駐車場代、自動車に関する減価償却費など、自動車に関係するような費用も、事業使用と家事使用が混在するものの一つです。

その按分については、何か月かの走行距離を記録して事業費と家事費の比率を決定したり、一週間の仕事と休日の日数で按分したりする方法などが考えられます。

自宅兼事業所の場合の家賃、水道光熱費、火災保険料も、事業費と家事費の按分をするものになります。

このような経費は、事業用に使用する部屋の占有率が一般的に採用されます。自宅の間取りや賃貸借契約書を参考にして、共有部分（廊下、トイレなど）を除く延べ床面積に占める事業用で使用する部屋の面積が事業費率になります。

また、明確に面積で按分できない場合には、通信費のように事業に使用する時間などにより、按分割合を計算することも考えられます。

ただし、水道光熱費のうち、明らかに家事で使用すると認められるようなガス代などは、事業費と家事費の按分の対象になりませんので注意が必要です。

自己所有の自宅については、家賃はありませんが、不動産に関する固定資産税、住宅ローンによる借入利息、自宅建物の減価償却費が事業費と家事費の按分対象になってきます。

そのほか、出張のついでに現地の観光スポットに行く場合など、按分すべきさまざまな経費があります。このような場合にも、その費用に対する合理的な按分を決めて、事業上の経費を算出するといいでしょう。

◎飲食店の家事消費

経費の事業費と家事費の按分について説明しましたが、それとは逆で、販売する商品や飲食店の料理など事業のためのものを、自分のために消費する場合があります（自家消費、家事消費と言います）。

このような場合には、原則として販売価格分を売上げに計上しなければいけません。小売店など、他から仕入れた商品を販売するような場合には、仕入価格もしくは販売価格の概ね70％のいずれか大きい金額で売上げに計上することが認められています。

家事使用については、一回の費用の支払い（一枚の領収書）を合理的に按分するという少し特殊なものと言えます。

事業の内容、事業で使用している頻度、自身の生活状況を基に算定した合理的な按分方法を税務署に説明ができるように、書類を整えておくことが重要になります。

6 固定資産と減価償却費

◇10万円以上のものは、車なら6年、PCなら4年かけて経費で落とす

仕事に関係する領収書の記載金額すべて経費になりますが、大半がその支払った年に経費として全額が落ちます。しかし、固定資産については数年に分割して経費になります。

固定資産とは、長期間使用することを目的として所有している資産で10万円以上のものを言います。代表的なものは自動車です。

新車を200万円で現金で購入しても、200万円全額が買った年の経費となるわけではありません。減価償却という方法で何年かに渡って分割で経費となります。

減価償却とは、固定資産の取得に要した金額をその使用期間に配分していく方法です。配分計算した金額は減価償却費として経費になります。使用期間に配分した減価償却費をすべて合計すると、取得に要した金額と同額になるため、最終的には全額経費になります。

では、どのようにして経費になっていくのでしょう。

自動車を例にとりますと、自動車は、購入した年だけ使うものではなく、何年か、少なくとも4～5年は乗ります。その使用する期間を耐用年数と言います。耐用年数は、個人の経験と感覚で決めるものではありません。2年で乗り潰す人や10年以上乗る人もいます

よね。減価償却費が人によって異なったら税金も当然異なることになり、不公平ですよね。

そこで、税金の計算上は、税務署が見積もって発表した法定耐用年数を使用します。

たとえば、車は6年、コンピュータは4年です。先ほどの新車購入代金の200万円は、6年間で経費になります。具体的には、200万円を、12か月×6年＝72回に分割して経費にしていきます。1か月当たり2万7777円が減価償却費として経費になります。

また、減価償却の特色としては、大きく分けて2つの方法があります。

「定額法」と「定率法」です。

定額法は、購入金額を毎月均等に経費にしていくものです。先ほどの例だと、

200万円÷72回＝2万7777円

2万7777円が1か月当たりの経費になります。

定率法は、法定耐用年数に応じた償却率を購入金額に乗じたものが経費になります。

たとえば6年の率は、0・333になります。この率は年率ですので、年間の経費を一回計算し、それを12か月で割ります。


200万円×0・333÷12か月＝5万5500円

5万5500円が初年度の1か月当たりの経費になります。

お気づきかと思いますが、定額法と定率法を比べると、定率法のほうが1か月当たりの

経費が多いですね。定率法は定額法より最初に経費になる金額が大きくなりますが、以後は減価償却費が次第に減っていきます。最終的には定額法も定率法も同じ金額になります。

次頁に掲載した図で見るように、減価償却の初期は定率法のほうが経費になる金額が大きいですが、中期で定額法に追いつかれ、後期は定率法の減価償却がほとんどなくなってしまうため定額法のほうが経費になる金額が大きくなります。

先に経費にしてしまうか、後まで計算がしやすいように均等額の定額法を選ぶかは、みなさんの自由です。ただし、税務上原則として、会社は「定率法」、個人は「定額法」と決められています。原則以外の方法を選択するには、事前に税務署への届出が必要となります。また、減価償却となるものは、10万円以上の固定資産と言いましたが、詳しく言うと、10万円以上20万円未満の固定資産と20万円以上の固定資産では減価償却の方法が異なります。

会社と個人の場合でも異なります。会社の場合は、資本金の違いによって、経費になる金額が異なります。資本金が、1億円以下の会社は、10万円未満の固定資産が経費になりますが、30万円未満のものまで、全部買った時の経費となります。ただし、この場合には年間合計が３００万円までという限度はあります。個人の場合は、資本金1億円以下の会社と同じで、30万円未満のものは全額経費となります。

定額法による減価償却

定額法
取得原価　2,000,000 円
耐用年数　6 年
償却率　　0.167

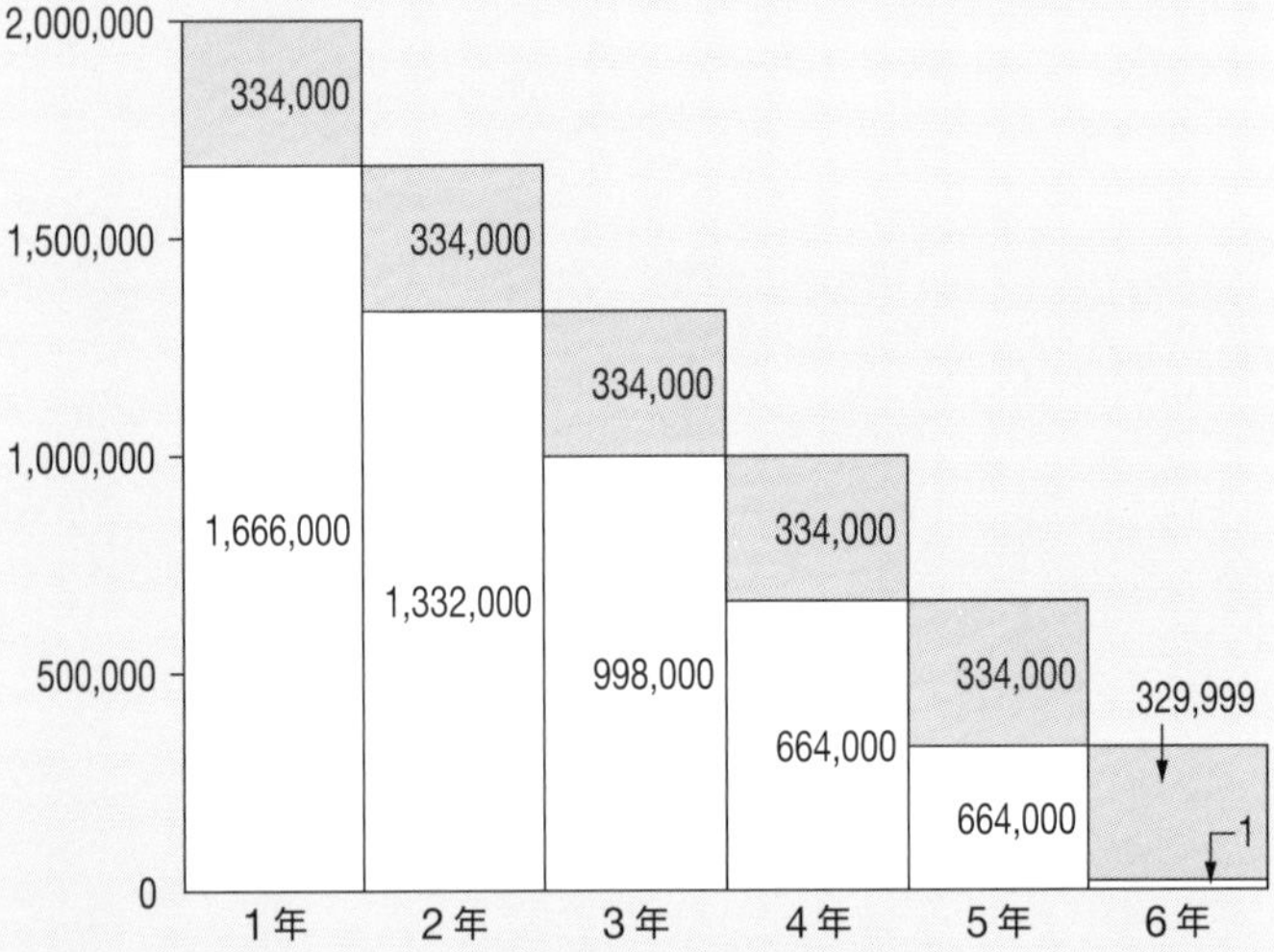

年数	購入価額	減価償却費	期末帳簿価額
1 年	2,000,000	334,000	1,666,000
2 年	1,666,000	334,000	1,332,000
3 年	1,332,000	334,000	998,000
4 年	998,000	334,000	664,000
5 年	664,000	334,000	330,000
6 年	330,000	329,999	1

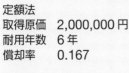

定率法による減価償却

定率法
取得原価　2,000,000円
耐用年数　6年
償却率　0.333

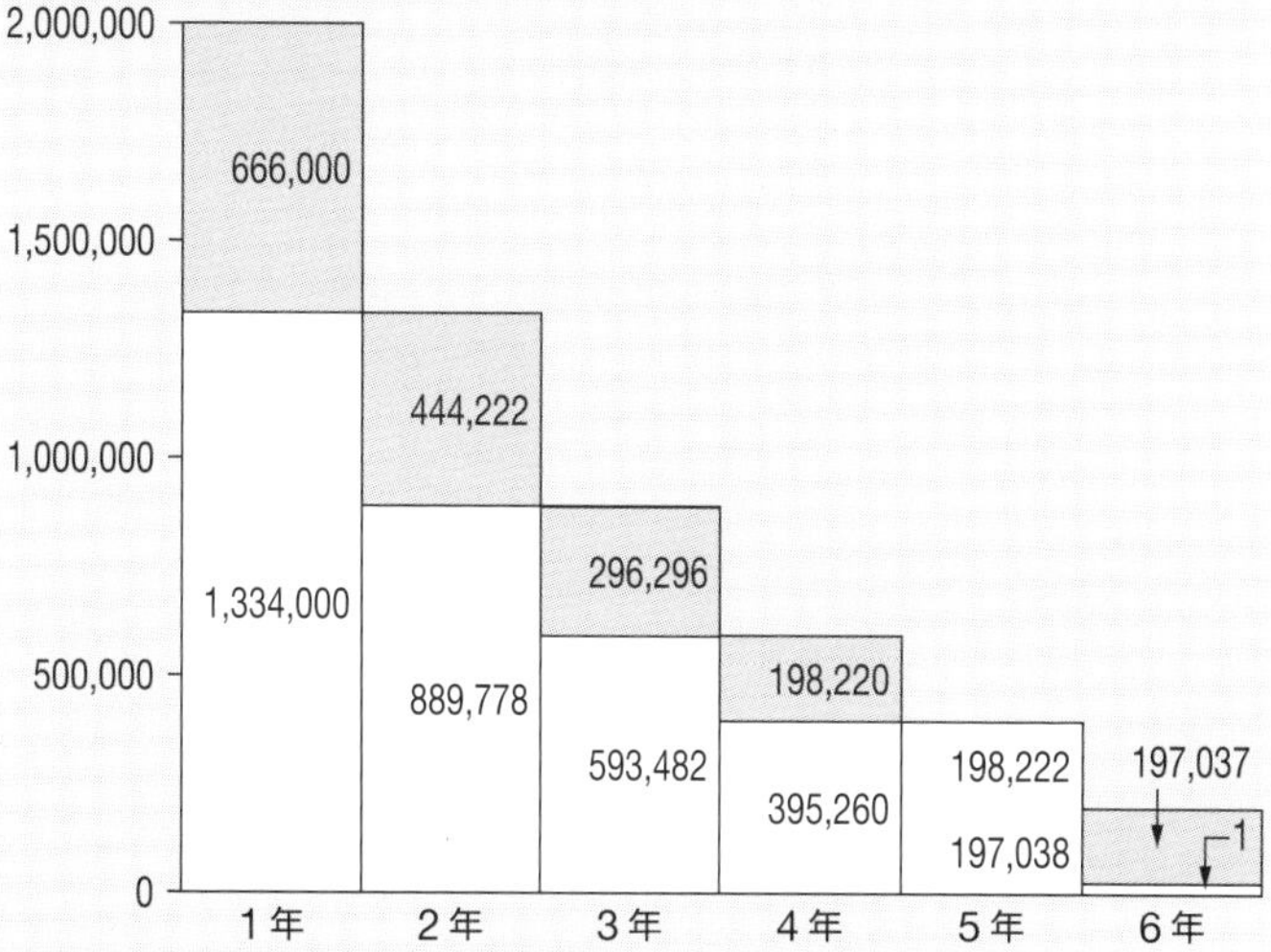

年数	購入価額	減価償却費	期末帳簿価額
1年	2,000,000	666,000	1,334,000
2年	1,334,000	444,222	889,778
3年	889,778	296,296	593,482
4年	593,482	＊1　198,222	395,260
5年	395,262	198,222	197,038
6年	197,042	197,037	1

＊1　改定取得価額 593,482 × 改定償却率（＊2）0.334 ＝ 198,222

＊2　定率法の計算では耐用年数以内で償却を終了するために途中で改定償却率を使用します。

取得価額による区分

<table>
<tr><th>所得金額</th><th>経理方法</th><th>備　考</th></tr>
<tr><td rowspan="3">10 万円未満</td><td>全額経費</td><td>資本金額に関係なく会社及び個人</td></tr>
<tr><td rowspan="2">資産計上</td><td>一括して 3 年の均等償却</td></tr>
<tr><td>通常の減価償却</td></tr>
<tr><td rowspan="3">10 万円以上 20 万円未満</td><td>全額経費</td><td>資本金 1 億円以下の会社及び個人</td></tr>
<tr><td rowspan="2">資産計上</td><td>一括して 3 年の均等償却</td></tr>
<tr><td>通常の減価償却</td></tr>
<tr><td rowspan="2">20 万円以上 30 万円未満</td><td>全額経費</td><td>資本金 1 億円以下の会社及び個人</td></tr>
<tr><td>資産計上</td><td>通常の減価償却</td></tr>
<tr><td>30 万円以上</td><td>資産計上</td><td>通常の減価償却</td></tr>
</table>

※耐用年数が 1 年未満のものは、全額経費にすることができます。

7 交際費と会議費の分かれ目

◇お客様との飲食も5000円以下なら会議費

交際費は、税金では永遠のテーマです。

理由は二つあります。一つは、フリーランスなど個人事業者は、仕事に関連した交際費はすべて経費になります。これに対し、法人は、原則として交際費は経費になりません。

たとえば、1万円使ったとして、交際費だったら経費にはならず、税金が約40％オンされます。つまり1万4000円使ったことになります。ところが経費となれば税金はかかりませんから1万円の支出だけで済みます。この差は大きいですよね。

しかし、法人でも交際費を全額経費にできないとなると、会社には厳しいので、会社の規模によって次のように定められています。

（1）資本金1億円以下の会社（大法人の子会社を除く）

次の①②の選択適用ができます。

①上限なく接待飲食代の半額を経費とする

②年間800万円を限度として交際費（接待飲食費以外も含む）を全額経費とする

※年間1600万円の接待飲食代があれば、②が有利になります。

（2）資本金1億円超100億円以下の会社
・上限なく接待飲食代の半額を経費とする
（3）資本金100億円超の会社
・交際費は経費となりません
交際費が永遠のテーマであるもう一つの理由は、交際費と会議費との区分がわかりにくいことにあります。個人事業であれば、区分がわからなくても結局は経費になりますが、法人ではそうはいきません。

それでは交際費とはどのようなものを言うのでしょうか。交際費は税務上、「接待、慰安、贈答……」という、要するに相手を喜ばす行為に係る費用を言います。接待してお酒を飲むとか、お中元、お歳暮等の贈答をするとかです。ゴルフに関する経費も交際費です。

一方、会議費とはどのようなものを言うのでしょうか。会議費は、事業で必要な打ち合わせ費用のことを言います。たとえば、会議をするための会場費用や会議中のコーヒー代、食事代などです。ホテルで食事をしながら会議をしても会議費となります。

この場合は、会議の内容、相手先を明確にしておくことが必要です。議事録、会議メモなど会議が主体だということを説明できるようにしておかなければなりません。

交際費や会議費には原則金額の上限はありません。少額だから交際費にならない、高額だから交際費になるというわけではありません。会議費も同じです。1万円以上でも会議をしていれば会議費です。判断基準は会議の内容です。ですからその内容を明確にしておくことが重要です。領収書の内容を明確にしておけば経費となります。

このような流れの中で、国税庁が平成18年4月1日から「5000円基準」という会議費を認める金額基準を打ち出しました。

いままでは会議にアルコール類が入ると交際費とされるケースが多かったのですが、この基準により、外部の人とアルコールを伴った食事をしても、一人当たりの単価が5000円以下であれば会議費として経費と認めるというものです。以前は、交際費も会議費も明確な金額の基準は明らかにされておらず、いわゆるグレーゾーンでした。3000円を超えたら交際費、5000円を超えたら交際費と、さまざまな対応がとられていました。

5000円基準が公表されたことにより、お客様と飲食しても一人当たり5000円以下ですと交際費ではなく会議費となります。ただし、5000円以下であることを証明するために、行ったお店、参加者の全員の名前、人数を明確に記録しておく必要があります。

この基準はあくまで飲食の場合であり、ゴルフやお歳暮等の贈答は対象となりません。5000円以下の飲食費であっても、社内の人間だけで得意先等が1人も参加していなければこの基準は適用されず、福利厚生費として適正かどうかで判定されます。

8 楽になった経理

◇会計ソフトを活用すれば効率的になる！

経費がわかったところで、きちんと経理をしなければ、意味がありません。

みなさんは経理をどのようにされていますか？

社長自ら？　奥様にお願いする？　経理を雇っている？　税理士に依頼する？


ＩＴ化が進む現在、経理は楽になっています。

もちろん、経理が楽になるといっても、会計入力が楽になっているだけで、売掛金管理、買掛金管理、振込業務、出納業務、税金、事業計画等の仕事はありますので、経理の重要性自体は減っておりません。

しかし、経理を効率的に行うことにより、時間が節約できることは経営にとってはプラスになります。


経理を楽にする方法をご紹介します。

ただし、対応する会計ソフトを使用することが前提になります。

（1）銀行口座データの自動取込

従来であれば、銀行で記帳、通帳を見ながら会計ソフト入力、会計ソフトの残高と通帳の残高が一致しているかをチェックする流れかと思います。

銀行口座の情報を会計ソフトに紐づけすると、インターネットバンキングから入出金データを自動で取り込むことができます。

仕訳を一度登録すると、ルーティン化されている取引は自動で仕訳してくれます。

（2）領収書のスキャナ読取

以前と比べて手書の領収書は減ってきており、ＯＣＲの読取の精度も上がっているため、領収書をスキャンすることにより、日付や金額などの文字を識別して自動仕訳をすることが可能になりました。

手書きの領収書などが識別できない、自動仕訳の精度が手作業より低いという問題はあるものの、採用する価値はあります。

第１章でご紹介したスキャナ保存制度との相乗効果も期待できます。

コラム⑤税理士はここを見ている！

税理士は、税務に関する専門家として、お客さんの税務申告の代理、税務相談、税務調査の立会いが主な仕事になります。

税務申告をするにあたり、定期的にお客さんとお会いして、収入や経費が正しく経理処理されているかどうかをチェックします。
お客さんの現在の仕事の状況や、これから行おうとしている事業の展望などの話を聞いて、お客さんの事業を正しく理解することも非常に大切になります。

また、お客さんの人柄、家族構成、交友関係、お酒を飲む方か、ゴルフをやる方か、奥さんが仕事を手伝っているか、週何回仕事をするかなどさまざまな情報から、お客さんの経費が漏れていないかというヒントを探します。

仕事とプライベートが曖昧なものについての経費の判断や、個人事業では12 月末、法人では決算期末をまたぐ取引については、特に注意をします。
12 月末、決算期末までに取引は終わっていますが、支払いがまだのものなども当然経費になりますので、現金が後払いのものは請求書や話を聞いて推測できます。

お客さんの信頼にこたえて、合法的になるべく税金がかからないように、事前に相談をしていくことが大事なことになります。

第3章

「税金」がわかれば
お金の流れがわかる

1 税金を知らずに節税はできない

◇節税になるのは所得税・法人税・消費税・住民税・事業税の5つ

領収書をきちんと用意しました。経費が仕事に関係することを説明することもできます。これでやっと領収書を経費に落とすことができます。でも、こんなに苦労して領収書を経費に落とすのは何のためでしょうか？

できるだけ税金を安くするためです。節税のためです。

仕事に関連する経費の他に、税金独自の経費があるってご存知ですか？家族へのお給料を経費にするためには、税務署に届け出が必要だということはご存知でしたか？

税務調査ではどのようなことが行われるかご存知ですか？

仕事の規模によって税金が変わることをご存知ですか？

こうした税金独自の内容がたくさんあります。節税をするためには、税金について理解することがとても大切です。

ところで、みなさんは、「税金」と聞いたら何を思い浮かべますか？

所得税、法人税、消費税、相続税、住民税、事業税、固定資産税、事業所税、不動産取

得税、自動車税、重量税、酒税、たばこ税等、気がつけばいろいろな税金が身の回りにあることがわかります。

このうち、経費に落とすことにより税金が安くなるものは、所得税、法人税、消費税、住民税、事業税の5つになります。消費税は少々特殊なので、別枠を設けて説明します。住民税と事業税は、所得税と法人税の付録みたいな税金なので、これ以降は「所得税」と「法人税」をメインにお話しします。

経費に落とすことにより税金が安くなるのは、この2つの税金が「もうけ＝利益」に対して課されるからです。

たとえば、収入が1000万円で経費が500万円であれば、差額の500万円の利益に対して税金が課されます。仮に経費が600万円になったとすれば、利益は400万円となりこれに税金が課されます。税率が30％とすると、100万円×30％＝30万円減ることになります。

ちなみに、所得税と法人税では税率が異なります。所得税は累進税率を採用しており、法人税は15％と30％の段階税率を採用しています。後で法人化のメリット・デメリットを説明しますので参考にしてください。

身の回りの税金一覧

	国税	地方税
所得課税	所得税	個人住民税
	法人税	個人事業税
	地方法人税	法人住民税
		法人事業税
		道府県民税配当割
資産課税等	相続税・贈与税	譲渡所得割
	登録免許税	不動産取得税
	印紙税	固定資産税
		都市計画税
		事業所税
		特別土地保有税　等
消費課税	消費税	地方消費税
	酒税	地方たばこ税
	たばこ税	軽油引取税
	たばこ特別税	自動車取得税
	揮発油税	ゴルフ場利用税
	地方道路税	入湯税
	石油ガス税	自動車税
	自動車重量税	軽自動車税
	航空機燃料税	鉱産税
	石油石炭税	狩猟税
	電源開発促進税	鉱区税
	関税	
	とん税	
	特別とん税	

所得金額と税額

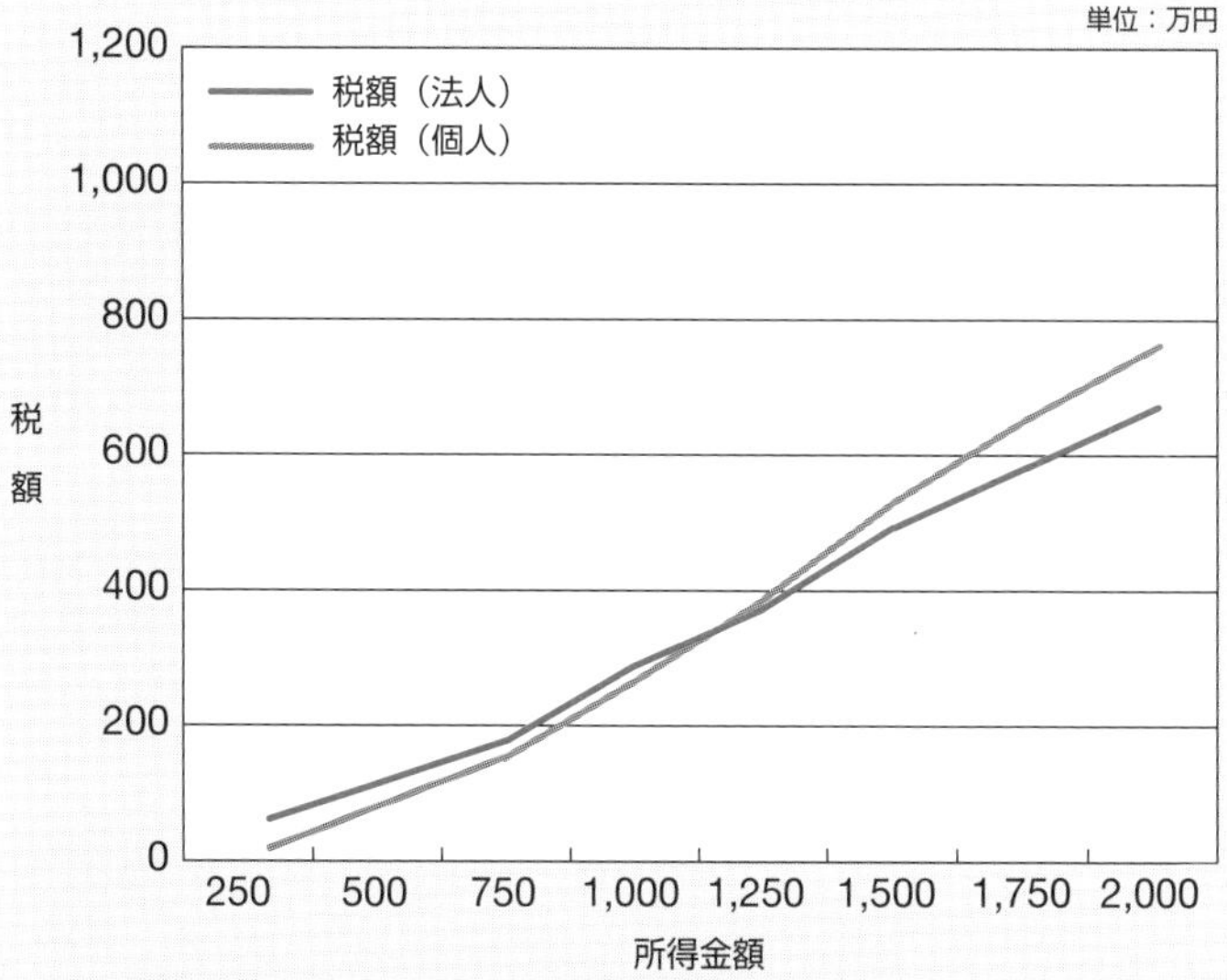

（東京都のケース）
個人（所得税＋住民税＋事業税）…基礎控除のみ
法人（法人税＋住民税＋事業税）…資本金 10,000,000 円未満

分岐点は、10,000,000 円前後になります。

所得金額	税額（法人）	税額（個人）
250	63	22
500	122	88
750	184	176
1,000	270	271
1,250	362	393
1,500	454	514
1,750	546	637
2,000	638	765

2 確定申告制度のツボを知ろう

◇確定申告をしなくてもいい「もうけ」とは何か

1年間で得たもうけを税務署に報告する作業を「確定申告」というのはご存知ですよね。サラリーマンの方ならば、「年末調整だけで確定申告をする必要はない」と聞いたことがありますよね。これは大部分正解なのですが、正確に言うと違います。

何が違うかと言うと、副業を持っていたりするケースがそうです。

「もうけ＝お金」と考えると色々あります。フリーランスの仕事で稼いだもの、投資マンションで得た利益、会社からもらったお給料、リストラでもらった割増された退職金、旦那さんが亡くなってもらった遺族年金、お婆ちゃんからもらった孫への入学祝い、相続でもらった土地を譲渡したお金、宝くじで当たった賞金、結婚式で頂いたご祝儀、さらには離婚訴訟で元配偶者から得た財産分与などなど……。

実は、確定申告をしなくてもいい「もうけ」があります。また、所得税の確定申告をしなくても、贈与税の確定申告をしなければいけない場合もあります。常識的に考えればわかるのですが、念のため代表的なものを挙げましたので参考にしてください。

◎離婚に伴う財産分与について

離婚に伴う財産分与は、もらってても確定申告（贈与税として）をしなくても大丈夫なのですが、財産分与をした側はどうでしょうか。実は、ケースによっては税金を払わなければいけない場合もあります。たとえば、こんなケースです。

Aさんは、キャリアウーマンの奥さんと子供2人の4人家族。住まいは、Aさんの親から相続でもらった都心の一軒家で、資産価値は7000万円。今回、Aさんの浮気が原因で奥さんが離婚訴訟を起こしました。一連の離婚騒動が会社にも伝わり、会社にも居づらくなり退職しました。奥さんに財産分与等で一軒家を渡すことになりました……。

ここで問題となるのは、一軒家という現金以外の資産を渡したことにあります。税金上は、財産分与した相手に分与した財産を時価で譲渡したと考えます。このケースでは、奥さんに一軒家を1億円で譲渡して、譲渡代金と財産分与等の債務を相殺したと考えます。買った時との差額（もうけ）に税金がかかることになります。

簡単に言うと、手持ちの現金で財産分与をすれば税金はかからず、現金以外で財産分与をすれば税金がかかることになります。

このケースでも、離婚前に財産分与をする場合と、離婚後に財産分与をする場合では税金が大きく異なります。機会がありましたら詳しくお話しします。

「贈与税」って、こんなもの

1. 贈与税とは

贈与税は、個人から贈与により財産を取得した者に課される税金です。

贈与税とは、当事者一方が自己の財産を無償で相手方に与える意思を表示し、相手方がこれを受託することによって成立する契約を言います。（民法549条）

つまり法律的に贈与というのは、

あげましょう

ハイ、もらいます

という、この2つの意思があってはじめて成立するものです。

贈与をする場合に注意すべきことは、

あげましょう

ハイ、もらいます

という、2つの意思をハッキリとしておくために、贈与契約書を必ず作っておくことです。

2. 贈与税がかかる時

贈与税は、AからBへ財産が、

タダで移った時

にかかります。

次の4つのケースのうち

① 個人から個人へ
② 個人から会社へ
③ 会社から個人へ
④ 会社から会社へ

原則として①の個人から個人へのケースのみ、贈与税がかかります。

3. 贈与税がかかる場合、かからない場合

贈与税の基礎控除額 … 110万円

もらった財産の額	贈与税	申告
110万円以下	かからない	必要なし
110万円超	（もらった財産の額－基礎控除110万円）後の財産額	必要あり

非課税所得の主なもの

所得税法で定める非課税所得の主なもの

障害者等の少額預金（元本350万円以下のもの）の利子
傷病者の恩給、遺族恩給や遺族年金
生活用動産の譲渡による所得
サラリーマンの出張旅費等
月15万円以下の通勤手当
慶弔関係の祝い金、香典、見舞金
NISA口座
外国政府、国際機関等に勤務する職員の給与
相続・遺贈または個人からの贈与により取得するもの
（夫の死亡によって受けとった生命保険金も該当）
損害賠償金（損害保険金、慰謝料はこれに含まれる）
育英会等から受ける奨学金
文化功労者年金、日本学術院・日本学士院から受ける恩賜賞やノーベル賞の金品
オリンピック又はパラリンピックの金品
など

他の法律の規定により非課税とされる主なもの

宝くじ（当せん金附証票の当せん金品）
toto（スポーツ振興投票の当せん金払戻金）
傷病手当金、出産育児一時金等（国民健康保険給付）
失業手当（雇用保険法により支給を受ける失業等給付）
生活保護（生活保護法により支給を受ける保護金品）
身体障害者福祉法により支給を受ける金品
労働者災害補償保険保険給付
など

3 青色申告制度のツボを知ろう

◇記帳は面倒でも青色申告はメリットが多い

確定申告には実は2種類あります。

「青色申告」と「白色申告」です。

青色申告と白色申告の違いは、簡単に言ってしまえば、白色申告は簡易な方法による記帳で作成された申告書、青色申告はきちんとした方法による記帳で作成された申告書になります。

記帳とは、手書きの伝票や会計ソフトで簿記をつけることをイメージしておけばよいでしょう。でも、白色申告でも簡易な方法による記帳が認められているだけで、領収書の管理を簡易にしてもいいということではありません。前にご説明したように領収書はきちんと管理しておきましょう。

手間がかからないなら白色申告のほうがいいやと思っていませんか?

いやいやそんなことはありません。青色申告は白色申告よりも手間がかかる分だけ、メリットがあります。

領収書の管理をきちんとしているみなさんなら記帳もちゃんとできるはずです。パソコンさえ使える環境にあれば、市販されている会計ソフトで簡単に記帳できますし、時間がなくて税理士に丸投げでも支払う報酬以上の節税効果はあるはずですよ。

それと、「白色申告は税務調査に来ない」などという噂がありますが、これは嘘です。青色申告だろうが白色申告だろうが、関係なく税務調査はあります。

先に青色申告をするための手続きのお話をしておきましょう。

青色申告をするためには、これから事業を始める人ならば開業してから2か月以内（1月15日以前に開業する人は3月15日まで）に、これまで白色申告をしてきた人は青色申告を行う年の3月15日までに、所得税の「青色申告承認申請書」を税務署に提出する必要があります。

承認の申請をするので、承認の通知が税務署から送られてくるのが筋なのですが、実務上はそのような通知は送られてきません。特に問題がない限り、提出イコール承認なので、通知が送られて来なくても心配しないでください。

青色申告のメリット

	白色申告	青色申告
所得からの控除	―	最大 65 万円の控除 （青色申告特別控除）
赤字の繰り越し	災害の場合のみ	3 年間の繰り越しあり
家族への給料 （事業専従者）	控除限度額 配偶者 → 86 万円 親族 → 50 万円	全額控除 （同一生計の配偶者、親族等の条件有）
売掛金・未収金	―	貸倒引当金の設定 （12 月末残高 ×5.5%）
その他	―	各種税額控除 （※詳細は後述します）

所得税の青色申告承認申請署の記入例

税務署受付印

1	0	9	0

所得税の青色申告承認申請書

××　税務署長

令和2年　4　月　日提出

納税地	住所地・居所地・事業所等（該当するものを○で囲んでください。） 東京都××区××町1－2－3 （TEL 03 －××××－××××）		
上記以外の住所地・事業所等	納税地以外に住所地・事業所等がある場合は書いてください。 同上 （TEL　－　－　）		
氏名《フリガナ》	××　××　㊞	生年月日	大正 昭和　年　月　日生 平成
職業	飲食業	屋号《フリガナ》	

令和　2　年分以後の所得税の申告は、青色申告書によりたいので申請します。

1　事業所又は所得の基因となる資産の名称及びその所在地（事業所又は資産の異なるごとに書いてください。）

名称　××カフェ　　所在地　東京都××区××町1－2－3

名称　　　　所在地

2　所得の種類（該当する事項を○で囲んでください。）

事業所得　・　不動産所得　・　山林所得

3　いままでに青色申告承認の取消しを受けたこと又は取りやめをしたことの有無

(1)　有（取消し・取りやめ）　　年　月　日　　(2)　無

4　本年1月16日以後新たに業務を開始した場合、その開始した年月日　　年　月　日

5　相続による事業承継の有無

(1)　有　相続開始年月日　　年　月　日　　被相続人の氏名　　　(2)　無

6　その他参考事項

(1)　簿記方式（青色申告のための簿記の方法のうち、該当するものを○で囲んでください。）

複式簿記・簡易簿記・その他（　　　　　）

(2)　備付帳簿名（青色申告のため備付ける帳簿名を○で囲んでください。）

現金出納帳・売掛帳・買掛帳・経費帳・固定資産台帳・預金出納帳・手形記入帳
債権債務記入帳・総勘定元帳・仕訳帳・入金伝票・出金伝票・振替伝票・現金式簡易帳簿・その他

(3)　その他

関与税理士
（TEL　－　－　）

税務署整理欄	整理番号	関係部門連絡	A	B	C	D	E

通信日付印の年月日	確認印
年　月　日	

4 青色申告のメリット

◇最大65万円の控除が受けられ、赤字も次年度に繰り越せる

ここでは、青色申告のさまざまなメリットを詳しく見ていきましょう。

●青色申告特別控除

青色申告特別控除は、青色申告者に認められている控除額のことを言います。簡単に言うと、税金計算の元となる利益から引ける経費のことです。当然、領収書も支出も必要ありません。令和2年分の所得税申告より10万円、55万円、65万円のいずれかを控除することができます。

10万円になるか55万円になるかは、次の基準になります。

①不動産所得、事業所得等を生ずべき事業を営んでいること
②取引を複式簿記により記帳していること
③確定申告期限内に、貸借対照表と損益計算書を添付した確定申告書を税務署へ提出すること

55万円になるか65万円になるかは、次の基準によります。

④その年分の所得税の確定申告書及び青色申告決算書の提出を、確定申告書の提出期限までにｅ－Ｔａｘを使用して行うこと等

①の不動産所得は投資マンション等の不動産の賃貸により生ずるもので、事業所得とは主に自営業の方の事業により生ずるものを言います。これらが事業として、つまり事業的規模で行われていることが要求されています。

事業的規模とは、その所得がある程度の規模でなければ事業と認められません。例えば、不動産所得であれば、「部屋数が10室以上である」「貸家であれば5棟以上」等の数字による基準があります。

事業所得の事業的規模はどうでしょうか。これは、数字による基準もないため、裁判でも争われているケースもあるため、この本で説明するには字数が足りません。給与をもらっていないフリーランスの方は文句なく事業的規模になります。問題になるのは、副業のある方でしょうか。これについては後でご説明します。

②の取引を複式簿記により記帳していることとは、簡単に言うと、白色申告と同レベルの簡易な方法である家計簿やエクセルでまとめたものじゃダメよということです。会計ソフトに入力することをおすすめします。会計ソフトに入力すれば、③の貸借対照表と損益

計算書も同時に作成できます。

申告期限に提出するのと、控除額を記載するのは当然ですよね。

いずれにせよ、①〜④を満たせば、65万円が控除でき、①〜③を満たせば55万円が控除でき、そうでなければ10万円の控除になります。10万円でもバカになりません。青色申告さえしていれば、白色申告と同じ事務作業でも経費が10万円違って、税金で最高4・8万円違うのですから。

ちなみに注意していただきたいのは、1年65万円が限度ですので、フリーランスでアパート経営をしている方は、合計130万円の控除ができることにはなりません。また、赤字で終わった場合には、もうけがありませんので控除は受けられません。青色申告控除額以下のもうけであればその額が限度になります。

●純損失の繰越控除

純損失の繰越控除とは、今年生じた赤字を来年以降に繰り越せることを言います。

大企業であっても永遠に黒字であるビジネスがないことは、ニュースを見れば一目瞭然ですよね。フリーランスの方や中小企業では、調子の良い年、悪い年はなおさらはっきりしています。ましてや開業したての方は、種をまいている段階で収穫が後になるケースが

純損失の繰越控除の具体例

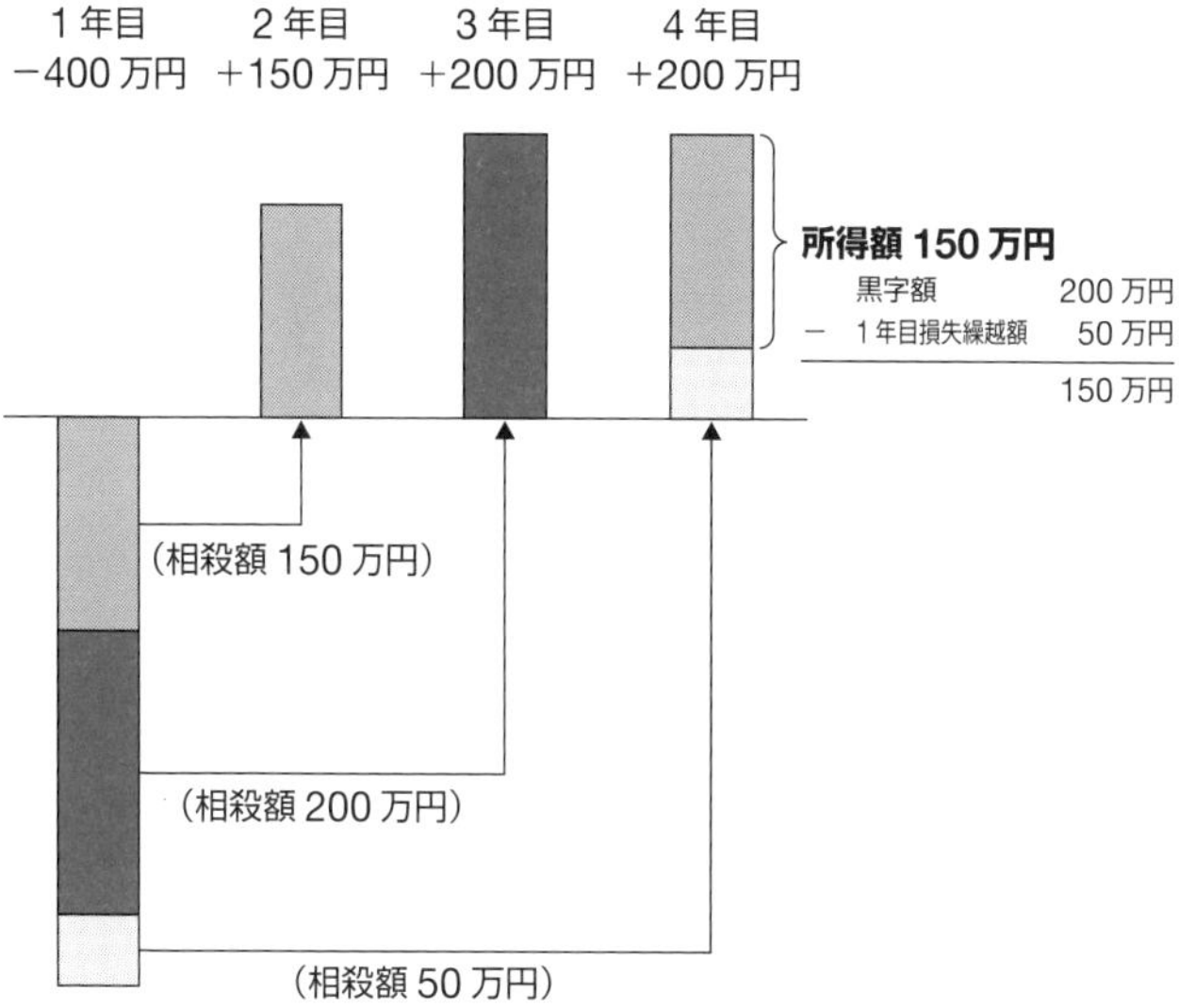

多いですから。

今年が不調でマイナスになった場合には、そのマイナス分を来年に繰り越して、来年の所得と相殺して申告することができます。

繰越控除は翌年以後3年間繰り越すことができます。法人の場合は、最長9年間繰り越すことができます。ビジネススタイルによっては、黒字化するまで時間がかかるようであれば、法人化したほうが有利な場合もあります。

白色申告の場合は、災害での損失以外、このような損失の繰り越しはできません。これと似たような雑損控除というのもありますが、これは後で説明します。

●青色事業専従者給与

これにより、生計を同じくする家族にも給料が払えることになります。

たとえば、旦那さんがカフェバーを経営していて奥さんがウェイトレスとして働いているケースです。旦那さんは、奥さんに給与としてお金を渡しています。でも意地悪な見方をすれば、お金を給料経費として奥さんに渡しているけど、奥さんの給料も結局二人の生活費や貯金に回っているから、生活費や貯金を経費にしていると……。これを無条件で認めてしまったら、サラリーマンの方が専業主婦の奥さんに給料を払ったから税金を安くし

青色事業専従者に関する届出書の記入例

≪要件≫
① 青色申告者と生計を一にする配偶者その他の親族であること
② 年齢が 15 歳以上であること（その年の 12 月 31 日現在）
③ 原則として、年間 6 か月を超えて、青色申告者の事業に専念していること
＊15 歳以上であっても高校や大学その他専修学校などの学生や生徒は原則として、専従者にはなれません。
＊青色事業専従者の適用を受けた家族に関する配偶者控除や扶養控除は受けられません。

税務署受付印　　　　1120

青色事業専従者給与に関する 届出 ~~変更届出~~ 書

××　税務署長

令和2年4月＿日提出

納税地	住所地・居所地・事業所等（該当するものを○で囲んでください。） 東京都××区××町1－2－3 （TEL　－　－　）
上記以外の住所地・事業所等	納税地以外に住所地・事業所等がある場合は書いてください。 同　上 （TEL　－　－　）
氏名《フリガナ》	××　××　㊞
生年月日	大正・昭和・平成　年　月　日生
職業	飲食業
屋号《フリガナ》	××カフェ

令和 2 年 4 月以後の青色事業専従者給与の支給に関しては次のとおり 定めた／変更することとした ので届けます。

1　青色事業専従者給与（裏面の書きかたをお読みください。）

専従者の氏名	続柄	年齢／経験年数	仕事の内容・従事の程度	資格等	給料 支給期	給料 金額（月額）	賞与 支給期	賞与 支給の基準（金額）	昇給の基準
××　○○	妻	27歳／1年	経理・接客		月末	200,000円			

2　その他参考事項（他の職業の併有等）

3　変更理由（変更届出書を提出する場合、その理由を具体的に書いてください。）

4　使用人の給与（この欄は、この届出（変更）書の提出日の現況で書いてください。）

使用人の氏名	性別	年齢／経験年数	仕事の内容・従事の程度	資格等	給料 支給期	給料 金額（月額）	賞与 支給期	賞与 支給の基準（金額）	昇給の基準
		歳／年				円			

※　別に給与規程を定めているときは、その写しを添付してください。

関与税理士　（TEL　－　－　）

税務署整理欄	整理番号	関係部門連絡	A	B	C	D	E

通信日付印の年月日	確認印
年　月　日	

て欲しい、と拡大解釈してしまうかもしれません。

そこで、青色申告者の方に限り、一定の条件付きで生計が同じ家族にも給料が払えることが認められています。

給与を払える家族は15歳以上で、かつ、アルバイトやバイト程度じゃなく正社員と同様に働いているということが適用の条件になっています。

この適用を受けた家族に関する配偶者控除や扶養控除は受けられません。

白色申告でも、同じような規定がありますが、配偶者が86万円、配偶者以外が50万円と低く抑えられています。

また、子供が結婚など独立して別生計になっている場合には、生計が同じではないのでそもそも青色事業専従者になりません。他人と同様に給料を払うことになります。

相当であると認められる金額はどのくらいでしょうか。求人誌で同業の給料を参考にしてはいかがでしょうか。もらった家族に税金や社会保険がかからないくらいに抑えるのも有効でしょう。

アルバイトやパート程度に働いている場合で、どうしても給料を支払う時には、法人化して支給することが考えられます。

コラム⑥e-Tax(電子申告)について知ろう

青色申告のメリットとして青色申告特別控除があることをご説明しました。

55万円と65万円の違いは、e-Taxをしているかどうかによります。

10万円の差ですが、最低税率の5%であっても、5千円も違いがあります。

令和2年分の申告では、e-Taxでの申告をおすすめいたします。

電子申告といっても敷居は高くありません。
①必要なものを揃える
電子申告で必要なものは、
・パソコン
・ICカードリーダー
・マイナンバーカード
になります。

ICカード読取機能のあるスマホの場合には、マイナンバーカードのみになります。
②「e-Tax開始届出書」を提出する
方法が何通りかありますが、WEBを介しての提出が楽だと思います。

取得した利用者識別番号は、忘れないようにしてください。
③事前準備を行う
国税庁 HPに事前準備セットアップファイルがありますので、それに沿って進めてください。
④申告書を作成・申告する
国税庁HPの確定申告書作成コーナーにて作成・申告してください。

手順が丁寧に示されていますので、それに沿って進めてください。

ICカードリーダーとマイナンバーカードは申告する際に必要となります。

電子申告で一番時間がかかるのは、マイナンバーカードの取得になると思います。2週間くらい待つ自治体もありますので、3月になってからでは間に合わないケースもあるので、お気を付けください。

5 税金が安くなる特例を知っておこう

◇新型コロナ感染拡大を受け税金控除項目が追加された

「内需拡大」って日本経済の合言葉のように今でも使われていますよね。日本では、内需拡大をバックアップすべく税制も整備されています。内需を拡大するためには、日本国内への投資が必要になります。そして投資をした事業者に対して、税金を軽くする制度があります。投資も大きく分けて、物への投資と人への投資があり、それぞれに投資税制が設けられています。

初期投資にお金がかからない仕事や一人でやっていける仕事を営んでいるフリーランスの方でも、今は関係なくても将来関係あるかもしれません。あの時に読んだ本に、投資したら税金が安くなると書いてあったと思い出していただければ幸いです。

投資税制は、数が多く、経済環境に応じて新設・廃止・変更されることが頻繁です。今から説明するのは、令和2年4月段階の代表的なものですが、絶えず情報取得に努めてください。

中小企業者等とは、青色申告書を提出し、資本金が1億円以下の法人や個人事業者を指します。

税額控除とは、納める税金を決められた金額を減額してくれることです。

①所得拡大促進税制

（概要）

平成30年4月1日から令和3年3月31日までの期間内に開始する各事業年度において、中小企業者等が、従業員への給与等の支給を前事業年度比1・5％（2・5％）以上増加した場合に、その増加分の15％（20％）を法人税額又は所得税額から控除できる制度です。

②中小企業等投資促進税制

（概要）

青色申告を提出する中小企業者等が令和3年3月31日までの期間（以下「指定期間」と言います。）内に新品の機械及び装置などを取得し又は製作して国内にある製造業、建設業などの指定事業の用に供した場合に、その指定事業の用に供した日を含む事業年度において、特別償却（30％）又は税額控除（7％又は10％）を認めるものです。

製造業をメインとした特例でしたが、新型コロナ感染拡大を受け、（4）が追加されました。

(対象資産)

(1) 機械及び装置(1台160万円以上)

(2) ソフトウェア(単体70万円以上か複数合計が70万円以上)

(3) 貨物自動車(車両総重量3・5t以上)

(4) テレワーク等のための設備等

認定経営革新等支援機関からアドバイスを受けることを前提とした、商業・サービス業に特化した投資税制もあります。これはかなり範囲が広いので、検討してみてください。弊事務所も認定経営革新等支援機関になっております。

③商業・サービス業・農林水産業活性化税制

(概要)

青色申告を提出する商業・サービス業を営む中小企業者等が令和3年3月31日までに、経営改善設備を取得等した場合には、特別償却(30%)又は税額控除(7%)を認めるものです。

（経営改善設備等）

認定経営革新等支援機関等から経営の改善に資する資産として書類に記載された次の設備です。

（1）器具及び備品（1台30万円以上）

（2）建物附属設備（1台60万円以上）

コラム⑦コロナウイルス感染拡大に伴う給付金等

新型コロナウイルスの感染拡大により、経済活動の自粛を余儀なくされた方も多いかと思います。

国も経済活動の自粛による経済的負担を軽減するため、給付金をはじめとした制度を設けております。

税金の安くなる特例同様、知っているかどうかで損をしてしまいますので、こまめに情報収集をしましょう。

令和 2 年 7 月 18 日現在での給付金等について代表的なものは下記の通りです。

投資減税と異なり、白色申告でも受給できます。

また、いずれの給付金も課税対象になります。つまり、受給金額は、確定申告時にもうけとして加算しますが、コロナで経営悪化している損失より多ければ納税になります。
（1）持続化給付金
新型コロナの影響により、2020 年 1 月～ 12 月までの各月の売上が前年（2019 年度）同月と比べて 50%以上減少した場合に、個人事業主に最大 100 万円、中小企業に最大 200 万円まで補償してくれる制度になります。
（2）雇用調整助成金 (特例措置)
新型コロナの影響により、業績が悪化し、事業者が従業員を休ませた場合に、その支払った休業手当の一部を助成する制度になります。

最大１０割で、日額１５，０００円が上限になります。また、正社員だけでなく、パートタイマー等も含みます。
（3）家賃支援給付金
家賃支援給付金とは、新型コロナウイルス感染症拡大により売上が急減したテナント事業者に対する支援金です。事業継続のために事業者の支払う家賃を補助するためのものになります。
売上高が 2020 年 5 月～ 12 月までのいずれか 1 月で 50%減少、連続する 3 ヵ月の合計で売上高が 30%以上減少が要件になります。
家賃の 6 か月分、法人最大 600 万円、個人事業主は最大 300 万円受給できます。
（4）緊急小口資金特例貸付
給付金とは異なりますが、新型コロナの影響により、一時的に業況が悪化している事業者を対象とした貸付制度になります。

売上高の減少の程度により融資の名称・種類や窓口が変わりますが、無保証・無利息の融資が整備されています。

6 節税と脱税はまったく違う

◇正しく申告しないと最悪、加算税で利益も吹っ飛ぶ

◎脱税とは何か

脱税という文字を、たまに新聞で見ますね。

売上げを除外したり、架空経費を計上したり、利益が出ているにもかかわらず申告しなかったり、不正行為により税金を支払わなかった場合に脱税と言われます。

脱税した場合には、最終的には、税務署から検察庁に送られ、裁判を受けます。一般的に、脱税額が3億円以上になると、5年以下の実刑及び1000万円以下の罰金と言われています。

税務署には、警察と同じで逮捕権があります。

逮捕権のある行政組織が3つあります。警察署、税務署、それと労働基準監督署の3つには共通項があり、「しょ」という文字が「署」なのです。

ちなみに、社会保険事務所、公共職業安定所（ハローワーク）、保健所など逮捕権がない組織は「所」になっていますね。

◎節税とは何か

節税とは、一般的には、法律に則って合法的に税金の支払いを少なくする方法です。

たとえば、前述した特別償却を使って経費を増やすとか、あらゆる特典を駆使して税金を減らすわけです。決して違法な方法を使ってはいけません。

脱税と節税の違いをひと言で表現すれば、駅のホームを歩くのに、黄色い線の内側を歩くのか、外側を歩くのかの違いです。

ルールを守り内側を歩けば、間違いなく線路に落ちることはなく、黄色い線の外側を歩けば、風にあおられたりして線路に落ちる危険性があります。駅のアナウンスにあるように黄色い線の外側を歩き、線路に落ちてしまうのが、脱税です。

みなさんは、合法的な特典を駆使し、黄色い線の内側を歩いていきましょう。

◎税務調査の流れ

ここで、税務調査の流れを詳しく説明しておきましょう。

まず、税務調査ではどういう会社が調査を受けるのでしょうか。税務署から突然電話がかかって来て、「来月2日間ぐらい税務調査にお伺いしたいのですが、いつがよろしいですか?」という税務調査の通知がなされます。

税務調査は、いつも突然です。

たいていは、うちの会社が「なぜ調査対象になったのだろう？」「何か税務署ににらまれるようなことをしたのだろうか？」などと急に不安になったりします。

でも、通常は、税務署が何かをつかんで調査に来るということではなく、税務調査が一回も入ったことがない会社や個人だったり、前回の調査から5年以上経過しているとか、特別な損失（たとえば、役員退職金とか大量の不良在庫の処分など）が発生したりして赤字になったとか、税務調査の対象となる会社を選ぶ理由はいろいろ考えられます。

一般的には、赤字の会社より、黒字の会社のほうが調査されやすいと言われます。

税務調査は、税金を追徴する仕組みなので、赤字会社で修正事項を発見しても赤字の範囲内であれば税金を追加徴収できません。ある意味、交通違反を捕まえるのと一緒かもしれません。年末など、交通取締が厳しくなりますよね。取締期間、金額、取締件数などノルマがあるとも言われています。その意味では、税務調査も同じかもしれません。

それと、調査対象の絞り込みにおいて、売上総利益率とか営業利益率を気にしているものと考えます。税務署は、同業者の利益率をデータとして持っています。全国から、あらゆる会社の申告書が集められ、データベース化され、業種ごと、会社の規模ごとに平均値をはじき出しています。

もし、あなたの会社・個人の申告データが、税務署の申告データと大きくかけ離れていたら、それは、税務調査の対象会社としてピックアップされてしまうことでしょう。税金を支払いたくないため、経費を過大計上した場合、利益率等に異常値が発生し、税務署の調査が入る可能性が高いのです。

◆税務調査対応

税理士法33条の2の書面添付、これはつまり、税理士への委任状が付いている場合には、税理士にまず連絡がいきます。

平成25年1月から税務調査の手続きが変わり、原則、事前通知をすることになりました。しかし、現金商売をしている会社は、事前に通知なしに税務調査に来る場合があります。某有名芸能人の薬物使用の調査は、事前に何日も張り込みをしていたそうです。税務調査においても秘密裏に事前に調査されている可能性があります。

ともあれ、税理士と社長とで日程調整をして、税務署に連絡し、調査日を決めます。この時に、税務調査官の人数、調査対象年度、必要書類を確認しておく必要があります。

東京税理士会から毎年8月1日現在の税務職員名簿が公表されます。それによって税務署のどこの役職の人なのか、異動してきたばかりなのか、調査官の大体の人物像をイメージします。ちなみに、税務署員の役職を一般の会社の役職に置きかえると統括官↓課長

（部長）、上席↓係長、調査官↓社員のイメージになります。

通常は、上席と調査官がペアとなり、現場に出向いてきます。統括官は、大きな会社の調査には、最初にあいさつにきますが、通常は現地調査にはきません。税務署に待機し、上席からの調査報告を受け、最終判断をします。現場の上席や調査官が納得しても、統括官がＯＫを出さない限り、調査は終了しません。それほど統括官の権限は強いのです。

ちなみに、税務調査官の人事異動日は原則として毎年７月１日です。一般の会社のように４月１日でなく、３月末の年度予算が終わって、３月決算会社の決算書が６月末に提出され、７月の異動後、３月決算会社から新規に調査が始まるというわけです。

◆調査当日

いよいよ調査当日です。どのようなことに気を付けなければいけないでしょうか。

通常、調査は10時から16時ごろまでです。昼食時間として12時から13時までは席を離れます。昔は昼食も一緒に食べたのですが、今は公務員規制法で、まったくと言っていいほど一緒には食べず、外に食べに行きます。実態は、調査官も息抜きをしたいみたいです。たまに工場に調査に行った場合など、近くに食べに行くところがない場合には、お弁当などを買ってきてもらって実費をちゃんと精算します。

調査官は、一度税務署に出勤してから会社にきます。そして必ず帰りも税務署に戻ります。よほどのことがない限り、直行直帰はしません。紛失を恐れて内部資料を税務署に持ち帰るのです。

国税局の職員、とくに「マルサ」と呼ばれる査察部の職員だけは別で、映画でもあるように、時間にとらわれず、張り込みなど徹底的に調査をします。

税務調査を受けていると、何も悪いことはしていないのですが、とても嫌な気持ちになりがちです。調査時間を短く終わらすために、資料を整理し、手際よく証票類の提出をするのもいい方法だと思います。速やかに回答し、好印象を与え、適正に処理していることを印象付けるのも必要なことです。

◆調査終了

2日間の調査が終わり、修正事項がなければ万々歳です。しかし、人間のやることですから、何らかの修正が発生するのが常です。調査官と修正項目を確認し、修正申告書を作成します。

ここで先ほどの統括官の登場です。内容を吟味するのですが、これだけではありません。税務署内部の審理課という部署があり、修正項目の内容にかかわらず、今回の調査項目のチェックをします。調査していないところはないのか、調査が甘かったのではないか、といった修正項目以外のところもチェックして、はじめて修正となるのです。

さらに、修正項目が決まったら、その説明を会社にしなければならないのです。会社または代理として税理士に説明し、サインをもらってやっと調査終了となります。

長い調査、ご苦労様でした。また、5年後に？

◎税務調査終了後に来るのが「罰金」

税務調査により、追徴税額が発生し、税金を払いました。これで一件落着かと思いきや、そうではありません。「加算税」という罰金が後から来るのです。

税務調査という嫌な思いをして、さらに追加の罰金も来るわけです。これからは、その罰金についてお話しをします。

最大のポイントは、修正事項が、故意にまたは意図して行われたものなのかどうかというところにあります。

税金の計算は、自分で利益を計算し、税率を掛けて税金を計算します、これを「申告納税方式」と言います。これに対して、固定資産税や自動車税のように、不動産を持っているだけで、自動車を持っているだけで国等が勝手に計算し、税金を計算していくのを「賦課課税方式」と言います。

申告納税方式は、自分で計算するわけですから、単純な計算間違いや、税法の解釈の間違いがあることもある意味仕方のないことです。税務調査とは、本来、その計算の誤りをチェックすることが大命題であるはずです。しかし残念ながら昨今は、税金を追徴することが目的となっているのでは……。

話を戻しましょう。

単純な計算間違いの場合と、税金を支払いたくないために意図的に、故意に利益を少なくする場合とがあります。一般的に見た場合、税務調査により修正申告がなされ、税金を払った場合、単純な計算間違いと、故意に利益を少なくした場合とで同じ罰金だとおかしくないでしょうか。

同じ罰金だと、それなら利益を少なくしてしまおうと考える人が出てきます。よって、意図的に利益を計算した場合のケースの罰金を高くしているのです。意図的に利益を少なくした場合最悪のケースは、罰金だけでなく、逮捕され、実刑となります。

では、罰金はどのくらい払わなければならないのでしょうか?

支払わなければならない罰金は、簡単に表にしてみると左の図の通りです。

罰金は、支払う税金に以下の率をかけます。

加算税の種類と計算方法

◎加算税の種類

延滞税	2か月以内	原則7.3%（令和2年2.6%）
	2か月超	原則14.6%（令和2年8.9%）
過少申告加算税	税務調査前に自主的に修正申告した場合	無し
	修正申告	10%～15%
無申告加算税	税務調査前に自主的に修正申告した場合	5%
	期限後申告	15%～20%
重加算税	仮装隠蔽があった場合（期限内申告）	35%
	仮装隠蔽があった場合（期限後申告）	40%

◎延滞税の計算方法

【例】

申請申告額 重加算税対象額	
利益	2,500
税金	1,000

当初申告	
利益	5,000
税金	2,000

<通常>

申告期限　　調査・修正申告　　納付日

①	②	③	④納付までの期間
1年間	2年間	2か月	10か月
7.3%	0%	7.3%	14.6%

延滞税
①1,000×7.3% ＝73
③1,000×7.3%×2/12 ＝12
④1,000×14.6%×10/12 ＝121
計 206

<重加算税>

申告期限　　調査・修正申告　　納付日

①	②	③	④納付までの期間
1年間	2年間	2か月	10か月
7.3%	7.3%	7.3%	14.6%

延滞税
①1,000×7.3% ＝73
（増加部分）②1,000×7.3%×2年 ＝146
③1,000×7.3%×2/12 ＝12
④1,000×14.6%×10/12 ＝121
計 352

延滞税は、申告期限から2か月以内が7・3％、2か月を超えると14・6％税率がかかります。

たとえば、税務調査で修正申告した利益が2500あった場合、法人税等の税金が約40％で、税金1000追加で払うこととなります。

この1000の修正税金に当初の2か月以内は7・3％がかかり、それ以降は14・6％の延滞税がかかるわけです。

延滞税は、通常の修正申告の場合は、申告期限から1年間分とされています。

つまり、一旦1年で延滞税の計算が終わります。

そして修正申告を提出した場合には、修正申告書の提出日から納付日まで2回目の延滞税の計算が始まります。

修正申告と納税が同日だと2回目の延滞税がかからないわけです。

例題のように通常の修正申告の場合は、1年間分73＋修正後2か月分12＋その後納付までの10か月分121の合計206が延滞税となります。

重加算税の対象となると、3年間分73×3年＋修正後2か月分12＋その後納付まで10か月分121の合計352というとてつもない延滞税の金額となってしまうわけです。

何しろ14・6％というサラ金よりも高い利率なのです。

この延滞税は、国税なので、どんなに交渉しても減額することはありません。

災害等やむを得ない場合には、特例で一部減額されるケースがありますが、原則減額してくれることはありえません。

本税部分は、払えても、この延滞税を支払うのがまた大変なのです。延滞税には、延滞税がかからないのがせめてものおまけですかね。しかし、あまりに多額の延滞税を支払わないでいると差し押さえというケースも出てくるので注意が必要です。

税務署もさすがに延滞税率が高いと思ったのか、原則14・6は残し、特例として「特例基準割合＋7・3％」という少し割引率にしています。令和2年度は、8・9％です。申告期限から2か月以内の原則7・3％が、令和2年度は、2・6％となっています。

延滞税のほか、過少申告加算税15％、申告をしなかった場合には、無申告加算税20％がかかります。例題で言えば、過少申告加算税、1000×15％＝150となります。

つまり延滞税206＋過少申告加算税150＝合計356となります。

重加算税の場合はもっと大変です。仮装隠蔽があった場合には、過少申告加算税15％、無申告加算税20％にかえて、それぞれ重加算税35％と40％がかかります。

先ほどの修正利益が2500あった場合、法人税等の税金が約40％で、税金1000追加で払うこととなります。

延滞税のほかに重加算税が、過少申告加算税の代わりに35％、無申告加算税の代わりに40％かかります。

例題で言えば、修正税額１０００×35％＝３５０の重加算税がかかります。

つまり、延滞税３５２＋重加算税３５０＝合計７０２がかかります。

修正税額本税１０００のほか７０２の追加の罰金を払うこととなります。

修正利益２５００に対して支払う税金は、修正税額１０００＋罰金７０２を含めた税金１７０２がかかります。修正利益の２５００に対して本税と税金の合計額１７０２が課税されてしまうわけです。（税負担率68・０８％）

正しく申告しておけば、１０００の追加税金で済んだわけです。

隠ぺいした利益の約70％を支払わなければなりません。

修正申告の期間がもっと伸びた場合には、延滞税はさらに増えることとなります。

このように除外した利益は、通常、遊興費等に使ってしまい、追加税額を支払う資金がありません。

銀行も、重加算税の税金に対しては融資してくれることはまずないと思ってください。

やはり、節税をしても、脱税はするととんでもないことになると認識してください。

7 個人事業とサラリーマンの違い

◇サラリーマンにも「給与所得控除額」という経費が

個人事業主は、収入から経費を引いたもうけ（所得）を確定申告して、納税することになります。サラリーマンは、会社から給与を受け取る際に、源泉徴収という形で概算の税金が天引きされています。

年末に賞与を含めた年間の給与収入と社会保険、扶養控除、各種保険料控除等の所得控除を確定させ、正しい税金を計算し、既に天引きされた概算の税金との調整をすることになります。この手続きを年末調整と言います。

ところで、個人事業の経費に対応するものはサラリーマンにあるでしょうか？

サラリーマンなど給料をもらう人は「給与所得控除額」というものがあります。個人事業の経費に相当するものです。給料の額に比例して増加しますが、高額給与になればなるほどその率は減っていきます。年間最低65万円（令和2年より55万円）を経費とみてくれます。

次頁の給与所得控除額の計算表を見て収入との比率を見てください。それなりの比率になっているのではないでしょうか。個人事業主の方で、自分の収入と経費の割合より高いようであれば、次項で説明する「法人成り」を検討してはいかがでしょうか。

給与所得の範囲と控除額

給与所得の範囲

給与等	俸給、給料、賃金、歳費、賞与、これらの性質のある給与
その他	事業専従者控除、青色事業専従者給与

給与所得金額の計算

収入金額（税込） ― 給与所得控除額

平成29年分～令和元年分

収入金額		給与所得控除額
180万円以下		収入金額×40% 65万円に満たない場合には
180万円超	360万円以下	収入金額×30%+18万円
360万円超	660万円以下	収入金額×20%+54万円
660万円超	1,000万円以下	収入金額×10%+120万円
1,000万円超		220万円（上限）

令和2年分以降

収入金額		給与所得控除額
180万円以下		収入金額×40%−10万円 55万円に満たない場合に55万円
180万円超	360万円以下	収入金額×30%+8万円
360万円超	660万円以下	収入金額×20%+44万円
660万円超	850万円以下	収入金額×10%+110万円
850万円超		195万円（上限）

8 個人事業と法人の違い

◇個人事業と法人組織の大きな違いは信用力と税率

事業を始める場合には、個人事業として始めるか、法人組織として始めるかを、まず選択する必要があります。個人、法人それぞれのメリット、デメリット、有利、不利があり、どちらの形態がいいのか判断しなければいけません。

個人事業者はどこでも、いつでも、事業を開始することができます。許可が必要な事業を勝手に行うことは法律違反になりますが、そうでなければ自由に商売を始められるわけです。

また、税務署に開業の届け出をすればよく、収入、費用に関する簡便的な帳簿作成による申告など、手続きが比較的簡単にできます。

しかし、個人事業は対外的な信用力が低く、大きな仕事や大きな会社との取引をするに当たっては不利になるケースが多いようです。

また、個人にかかる税金である所得税は、利益が多いほど多く課税される累進課税制度になっていますので、法人形態よりも税金が多くかかってくる場合や、社会保険に加入できないなど、デメリットもあります。

一方、法人は株式会社に代表されるように事業を行う目的、出資金、役員、取締役会などの機関を決め、会社名、本店所在地、役員名その他の会社規則（定款と呼ばれます）の一部を国に登記（登録）して、初めて法人組織となり、事業を開始することができます。

したがって、すぐに事業を始められる個人事業とは違い、会社設立登記が完了しないと事業が開始できません。

また、会社設立や法人にかかる法人税などの申告についても、手続きが複雑であるため、専門家などに依頼する必要があり、一定の費用が生じることになります。

しかし、法人組織は一般的に対外的な信用力が高く、個人事業者に比べて、取引が有利になるケースが多くあります。法人でないと取引をしてもらえないこともいまだに多いようです。信用力が高いことは、銀行から融資を受ける場合にも個人事業者より有利になる場合が多いと言えます。

税金も会社に適用される法人税が課されることになります。

◎個人事業で始めて「法人成り」するメリット

事業を始めるにあたり、個人事業で行うか、法人組織で行うかを選択する必要がありますが、法人組織は、個人事業の途中からでも移行することができます。

これを「法人成り」と呼びます。

個人事業から法人組織に移行する場合には、個人事業の資産と負債を設立する法人に売買をして、新たに法人組織として始めることになります。初めから法人組織で事業を始めるよりも、個人事業で始めて法人成りすることによるメリットは一般的に二つあります。

一つは、事業開始当初は利益があまり出ないものですが、個人の所得税のほうが法人税の税率よりも低いため、税負担が少なくなります。利益（所得）が1000万円を超えてくると、法人成りしたほうが税率差により有利になると言われています。

二つ目は、消費税のメリットがあります。後ほど、消費税の仕組みをご説明しますが、事業を始めると、原則として2年間は消費税の納税義務が生じません。

つまり、個人で2年間事業して、法人成りして開始2年間、合わせて4年間の納税義務が免除される場合があり、預かったとされる消費税から支払ったとされる消費税を差し引いて、残った消費税は事実上利益になります。

取引上、法人にする必要がなければ、個人事業から始めて、法人成りをすることも検討する必要がありそうです。

9 気が付けば消費税の納税義務者に

◇前々年の売上高が1000万円を超えると納税義務が発生する

消費税は一般消費者が負担する税金ですが、事業を始めると消費税に関連して、さまざまな処理や申告手続きをすることになります。その理解のために、消費税を誰が負担して、誰が国に納税するかという仕組みを簡単にご説明したいと思います。

税法では、「日本国内において、事業者が、事業として、対価を得て行われる商品売買、貸付け、サービスに対して消費税を課税する」とされています。

図のように、まずA製造業者が作った商品をB卸売業者に1万1000円で売却します。次に、B卸売業者はC小売業者に仕入れた商品に利益を乗せて1万3200円で売却します。最後にC小売業者がさらに利益を乗せて、D消費者に1万6500円で売却します。

国内において、A、B、C（いずれも事業者）が行う商品の売買には、消費税が課税されますので、A—B—C—Dの間で、消費税の受け渡しをすることになっています。

BからAに1000円、CからBに1200円、DからCに1500円の消費税の受け渡しが商品価格として行われていることになります。そして、預かった消費税を事業者A、B、Cが国に納付することになります。その時に納付する消費税は、預かった消費税から

消費税の負担の流れ

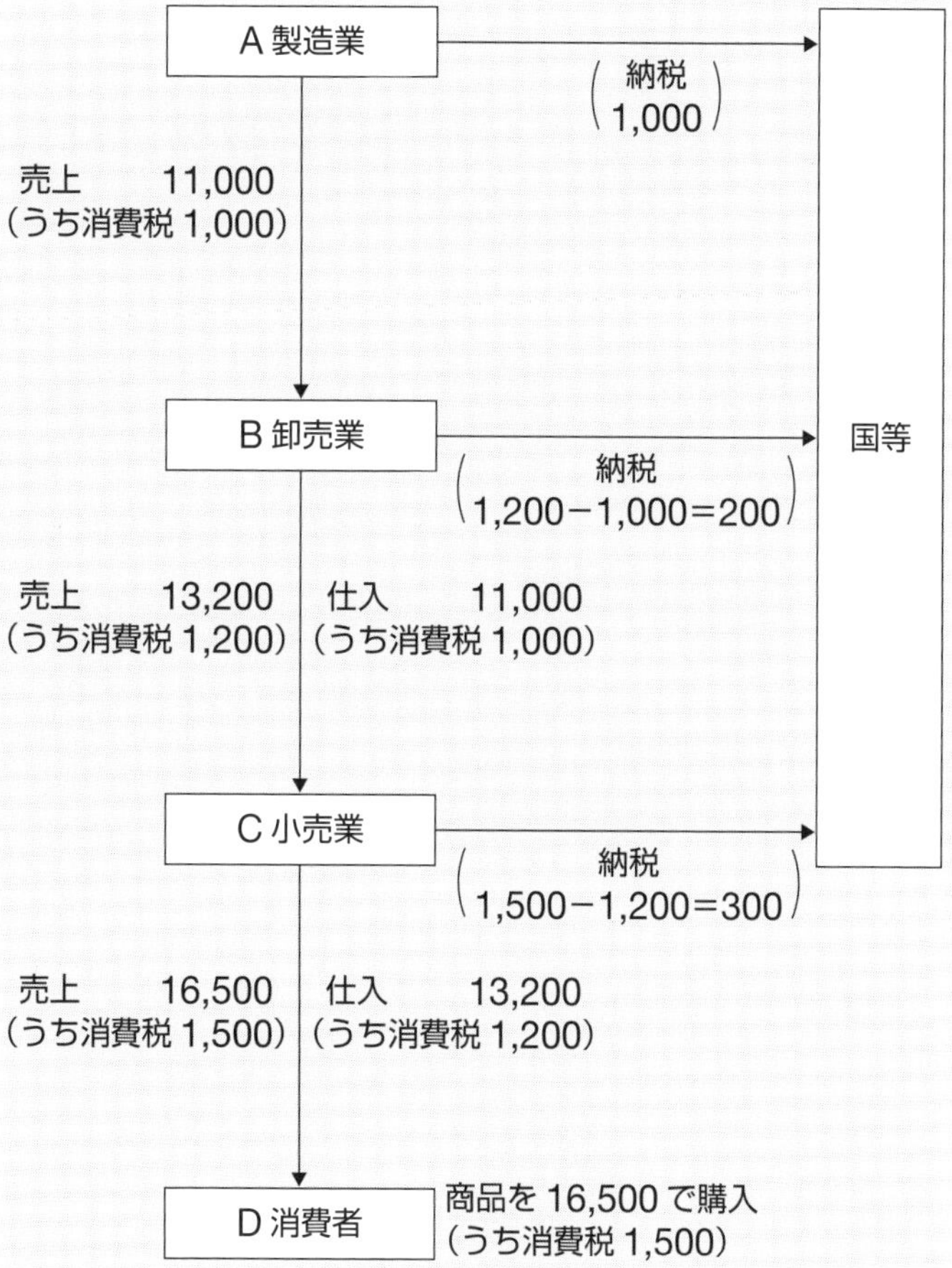
A 製造業
納税
1,000
売上 11,000
(うち消費税 1,000)
B 卸売業
納税
1,200−1,000=200
国等
売上 13,200
(うち消費税 1,200)
仕入 11,000
(うち消費税 1,000)
C 小売業
納税
1,500−1,200=300
売上 16,500
(うち消費税 1,500)
仕入 13,200
(うち消費税 1,200)
D 消費者
商品を 16,500 で購入
(うち消費税 1,500)

仕入時に支払った消費税を差し引いて計算することになっています。

つまり、AはBから預かった消費税1000円を、BはCから預かった消費税1200円からAに支払った消費税1000円を差し引いて200円を、CはDから預かった消費税1500円からBに支払った消費税1200円を差し引いて300円をそれぞれ国に納付します。その結果、1000円＋200円＋300円＝1500円が国に支払われます。

最終消費者Dが負担した消費税1500円をA、B、Cがそれぞれの計算により、Dに代わって、国に納める仕組みを我が国では採用しています。国に納付する事業者を納税義務者と言い、納税義務者は消費税の申告と納税をする必要があります。

原則として、前々年（前々事業年度）の売上高が1000万円を超える事業者が対象となります。つまり、事業を開始すると一般的には2年間は実績がないため、消費税の申告と納税をする必要がありませんが、3年目から、前々年の売上高が1000万円を超えると、消費税の手続きをすることとなります。

また、前々年（前々事業年度）が消費税の納税義務がない場合、税込の売上高で判定されますので、消費税の納税義務が発生しないように売上高を調整する場合は、気を付けましょう。気が付けば消費税の納税義務者となり、消費税申告書の作成と納税が生じます。

消費税の納付義務

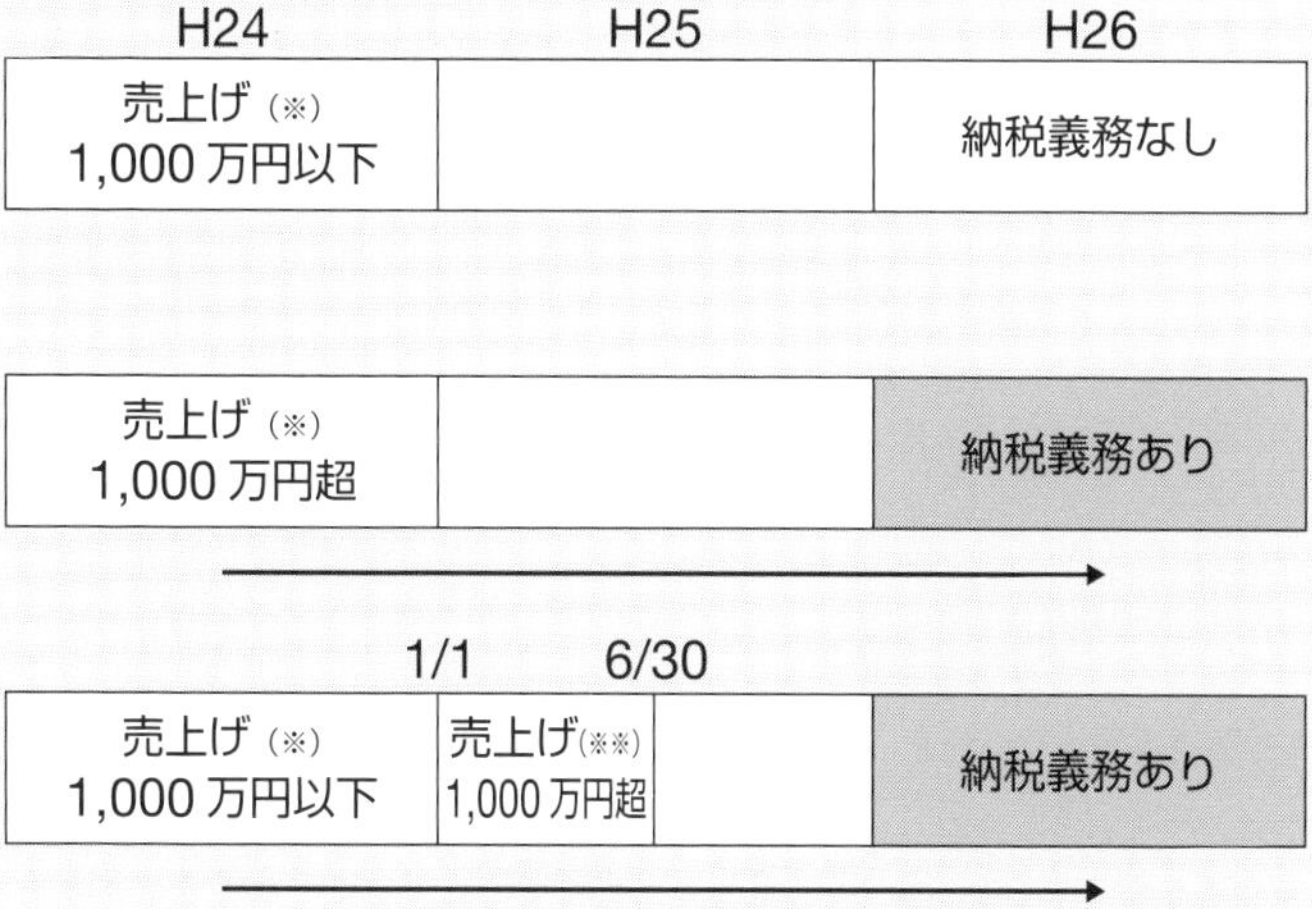

※個人事業者の場合には、年間売上げで判定しますが、法人の場合は売上げを年換算して判定します。

※※前年（前事業年度）の半年間の売上げが 1,000 万円超の場合にも納税義務が発生します。
（ただし、半年間に従業員等に支払う給与が 1,000 万円以下である場合には、納税義務はありません）

10 経費と所得控除

◇医療費や寄附金など私的な支出も所得控除として認められる

事業における費用は経費として認められるものと認められないものがありますが、プライベートな費用でも一部所得税の計算において経費として認められるものがあります。それを「所得控除」と呼びます。個人の一年間の所得に対しては所得税が課税されますが、代表的な所得控除をここで紹介したいと思います。

(1) 医療費控除

病気や怪我などで病院や薬局等に本人が、本人分、家族分を支払った費用、交通費について、一定額を超えると、所得から控除してもらえる制度を医療費控除と呼びます。

医療費控除は、病気、怪我などやむを得ない事情により生じてしまう医療費につき、一年間で多額にかかってしまうことに対して、税負担を軽減する趣旨の制度であり、美容や予防に対する費用は対象とされていません。

また、予防に対する費用は原則医療費控除の対象となりませんが、例外的にセルフメディケーション税制の適用を受けることができます。特定一般用医薬品等購入費を支払った

医療費控除の計算方法と医療費対象

医療費の額	−	医療費から補填される 保険金、損害賠償金等	−	所得金額の5% (10円超の場合は10万円)	＝	医療費控除額

項目	対象となるもの	対象とならないもの
病院関係	・診療費、入院費、治療費 ・手術費用 ・出産に関する費用 ・治療に必要な歯科矯正費用 ・治療に必要な差額ベッド代	・健康診断、人間ドック費用 ・入院時のテレビ代、パジャマなどの日用品代 ・メガネ、コンタクトレンズ代 ・美容目的の歯科矯正費用 ・治療に必要のない差額ベッド代 ・インフルエンザなどの予防注射代
医療品関係	・治療に必要な風邪薬、鎮痛剤、胃腸薬など ・バンドエイド、湿布薬、包帯など	・健康食品、サプリメント、栄養ドリンクなど健康を維持するためにかかった費用 ・うがい薬など、病気予防用の代金
交通費関係	・通院のためのバス・電車代・タクシー代	・病院に通うための駐車場代 ・病院に通うための自動車のガソリン代 ・実家で出産するための帰省費用

場合において、1万2000円を超える部分の金額（8万8000円を限度）の所得控除を受けることができます。ただし、本来の医療費控除との選択適用になります。

計算方法と医療費対象は前頁の図のとおりです。

(2) 雑損控除

災害、盗難又は横領によって資産に損害を受けた場合など、やむを得ない支出をした場合には、一定金額を雑損控除として、所得から控除してもらえる制度があります。なお、詐欺、恐喝などの事由による損害は雑損控除の対象になりません。

◆雑損控除の金額

次の（イ）と（ロ）のいずれか多い金額が雑損控除の金額となります。

（イ）［損失金額］－［所得金額×10％］

（ロ）［災害関連支出の金額］－［5万円］

＊損失金額＝損害金額＋災害関連支出の金額－保険金などにより補填される金額

＊災害関連支出の金額とは、災害により滅失した住宅、家財などを取壊し又は除去する

ために支出した金額などを言います。

(3) 寄附金控除

個人が寄附をした場合には、本来は個人的な好意で行うものであり、税金計算とは関係のないように思われますが、公益性の高いものに対する寄附については、国の政策的な趣旨から一定の所得控除の制度を設けています。

◆寄附金控除の計算

次の金額のうち低い金額－2000円＝寄附金控除額

(イ) 寄附をした金額

(ロ) 総所得金額の40％相当額

◆寄附金控除の対象となるもの

次に掲げる法人、団体等に対する寄附で一定のものが対象となる代表的なものです。

・国、地方公共団体に対する寄附金

・独立行政法人

・地方独立行政法人で一定のもの

・日本私立学校振興、共済事業団、日本赤十字社

・公益社団法人及び公益財団法人
・学校法人
・社会福祉法人
・認定特定非営利法人（認定NPO法人）
・政治活動に関する寄附金のうち一定のもの

◆寄附金控除を受ける要件

寄附を受けた団体から交付を受けた領収書等を添付して確定申告をする必要があります。

たとえば、フリーランスの方の寄附金控除前の総所得金額が350万円。寄附金控除の他に、所得控除額が100万円あるとします。そして、ある公益社団法人に3万円の寄附をしたとしましょう。

3万円から2000円を控除した2万8000円が寄附金控除の対象金額です。

350万円－100万円－2万8000万円＝247万2000円が税金のかかる金額になります。この金額の所得税は、10％を乗じて9万7500円を引いた金額ですから、14万9700円になります。寄附金控除をしなかった場合の金額が15万2500円ですから、3万円を寄附しても2800円しか所得税が軽くなりません。寄附をしても10％程度しか税金が安くならないのであれば、寄附もためらってしまいますよね。

そこで、平成23年税制改正で所得控除方式と、新しく税額控除方式が認められることになりました。ただし、政治活動に関する寄附金、認定NPO法人等に対する寄附金及び公益社団法人等に対する寄附金のうち一定のものについて限定されますので、ご注意ください。税額控除方式とは、寄附金を所得控除の段階で控除せず、税金を計算してから寄附金に応じた一定額（次頁参考）を控除する方法です。

先の例で見ると、

（3万円－2000円）×40％＝1万1200円
これを税金から控除することができます。寄附金控除を使わなかった所得税は15万2500円ですから、差し引いて14万1300円の所得税になります。

所得控除方式の効果が2800円なのに対して、税額控除方式が1万1200円ですから4倍の効果があります。これなら寄附もしてみようかなと思われるのではないでしょうか。

では、都道府県や市区町村に納付する地方税では寄附金はどのようになっているのでしょうか。お住まいの地域の条例によってさまざまですが、東京都内では、寄附金から2000円を控除したものの10％が住民税から差し引かれます。

寄附金特別控除制度

≪政党等寄附金特別控除制度≫

（その年中に支払った政党等に対する寄附金の額の合計額 − 2 千円）× 30% ＝ 政党等に対する寄附金特別控除額

（100 円未満の端数切捨て）

≪認定 NPO 法人寄附金特別控除制度≫

（その年中に支払った認定 NPO 法人等に対する寄附金の額の合計額 − 2 千円）× 40% ＝ 認定 NPO 法人等に対する寄附金特別控除額

（100 円未満の端数切捨て）

≪公益社団法人等寄附金特別控除制度≫

（その年中に支払った公益社団法人等に対する一定の要件を満たす寄附金の額の合計額）× 40% ＝ 公益社団法人等に対する寄附金特別控除額

（100 円未満の端数切捨て）

11 ふるさと納税のススメ

◇自分の上限額を守れば、2千円の負担で返礼品がもらえる!

2008年よりふるさと納税の制度が始まって12年経過して、社会的にも定着したといっても過言ではありません。

皆さんの中にもふるさと納税をした方がいらっしゃるのではないでしょうか。

当初の趣旨は、住所地に納める住民税を他の地方自治体に寄付として振り替えることにより、成長して生まれ故郷を離れても、その地域に貢献することができることでした。

最近は、地方自治体が返礼品を豪華にすることによって、その寄付金を集めている面が目立つようになってきたため、返礼品を寄付金の3割以内にすること等が義務付けられました。

この制限により、ふるさと納税の魅力が減ったとも言われますが、こちらも返礼品の還元率等を気にすることなく、本来の趣旨に沿ったふるさと納税を行うことができるのではないでしょうか。

ご自分の上限額さえ守れば、2000円の負担で返礼品をもらえることになります。上限額については、ふるさと納税のサイトにてシミュレーションできるようになっていますので、チェックしてみてください。

・ふるさと納税の仕組み

所得税の寄付金控除と、住民税の税額控除とが組み合わさった制度になりますが、きちんと説明すると紙面が足りませんので、具体例でお話しします。

たとえば、税金のかかるもうけが500万円だとします。10万円のふるさと寄付した場合には、2000円を控除した9万8000円の寄付金控除が発生します。

①所得税率が20%ですから、9万8000円×20%＝1万9600円の所得税が安くなります。

②住民税率が10%ですから、9万8000円×10%＝9800円の住民税が安くなります。

③住民税の特例控除9万8000×（100%－10%－20%）＝6万8600円の住民税が安くなります。

④①＋②＋③＝9万8000円の税金が合計で安くなります。

寄付金として10万円出てしまいますが、税金が9万8000円安くなるので、2000

円の負担で済むことがおわかりになるかと思います。

フリーランスの方は確定申告が必要ですが、給与所得しかない方はワンストップ税制を利用することにより、確定申告が不要になります。

12「概算経費率」を知っておこう

◇実際に支払っていない費用でも経費と認められるもの

確定申告は、収入から経費を引いて利益を計算し、その利益に税率をかけて計算した税金を納付する方法をとっていますが、これを「申告納税方式」と言います。

その計算が正しいかどうかを確認するため税務調査が行われるのです。

特に経費は、念入りに調査され、領収書の有無、経費の内容を確認されます。事業に関係ない領収書や架空の経費を入れることは許されません。税務調査で見つかれば、故意または仮装した場合には重加算税という重い罰金が課せられます。

経費を計算する上で大まかには3つだけ、実際の支払いに基づかない概算経費が認められています。実際に払っていない経費を収入から差し引く経費と認めてくれるのです。

(1) 給与の給与所得控除額

サラリーマンをはじめとする給料をもらう人は、給与所得控除額として年間最低55万円を経費とみてくれます。意味合いとしては、サラリーマンの昼食代、携帯代、衣装代の経費の代替です。

ですから、パート収入が年間103万円までは、配偶者控除を受けられ、税金がかかりません。103万円－55万円＝48万円48万円までは基礎控除額と言って、税金を計算する上で控除できるものです（高所得者は制限あり）。

給料については、収入103万円－経費55万円＝利益48万円となり、年間利益が48万円以下ですと税金はかからないのです。

(2) 開業医の収支計算

勤務医は給与になりますが、開業医は事業所得として、収入から経費を引いて利益を計算し確定申告をします。

この場合、通常は経費は厳しいチェックが必要なのですが、ある一定の収入の場合には、概算の経費率を使って、実際に使っていない経費が認められているのです。医師が優遇されている税制の典型的なものです。

これは、社会保険診療報酬額の所得計算（概算経費）と呼ばれ、クリニック（個人および医療法人）、歯科医師に認められているものです。

なお、1年間の社会保険診療報酬額が5000万円以下で、自由診療報酬額を足した金額が7000万円以下であることが適用の要件です。

◆社会保険診療報酬額の概算経費率

・2500万円以下　72%
・2500万円超～3000万円以下　70%+50万円
・3000万円超～4000万円以下　62%+290万円
・4000万円超～5000万円以下　57%+490万円

たとえば、社会保険診療が5000万円だとしたら、57%を経費とみてくれるので、5000万円－（5000万円×57%+490万円）＝1660万円（利益）となります。

もちろん実際に計算した利益が、概算経費率を使った利益1660万円より少なかった場合には、実際に計算した利益を使うことができます、

つまり、どちらか有利なほうを使います。これは、収入制限があるために、比較的規模の小さなお医者さんを対象としているわけです。

（3）個人の不動産・株式売買の経費

個人が不動産や株式を売買した場合に適用があり、会社には適用されません。
これは、お医者さんと違って、概算の経費は収入のわずか5％の金額です。たとえば、先祖代々相続してきた土地を相続税を納めるために売却した場合、

売買金額1000万円－買った金額（不明）＝利益

相続で取得したため買った金額がわからない、あるいは相続にかかわらず昔に買ったため買った時の金額が不明な場合があります。そのような場合に、収入金額の5％を経費とみてくれるのです。

お医者さんとは大きな違いですが、認めてくれないまったくゼロよりはましです。買った時の金額がわからない場合は、次のように計算します。

売買金額、1000万円－買った金額1000万円×5％＝利益950万円

利益は950万円となり、これに税率をかけます。

土地建物の不動産、株式、ゴルフ会員権等、譲渡所得として申告するものに適用があります。

ただし、概算経費となるものはどんどん減らされる傾向にあります。

コラム⑧税務署はここを見ている！

会社は、当然に利益は正しく計算し、税金を支払わなければなりません。しかし、無駄な税金は払いたくありませんよね。そこでいろいろな理由を付けて会社の経費にしたくなります。

ところが、公表されていませんが、税務署は、概算経費率というものを持っていると言われています。

日本中から提出された確定申告は、データベース化されています。以前は、紙での提出・保存だったため、集計が非常に大変でした。最近では、電子申告も普及してきており、データ管理も容易になってきています。
余談ですが、アメリカ、カナダ、オーストラリアでは、もう何十年前（確か20 年～30 年前ぐらい）から電子申告を始めています。

このように、すべての申告をデータベース化するとどうなるでしょうか？
考えてもみてください。日本中の業種ごとの収入、経費、利益のデータがわかるようになります。当然に、規模別・業種別の収入・経費・利益の平均値も簡単に計算できます。
もし、みなさんが確定申告した利益が規模平均や業種平均より低い場合、経費率が平均より高かった場合、税務署のデータベースは異常値を出すことでしょう。当然、税務調査も異常値を出しているところに集中すると思いませんか？

コンビニをはじめ小売業界では POS が導入されています。買い物客の性別・年齢・嗜好がデータベース化され、商品販売や在庫管理に役立っています。税務調査においても、多数の会社の業績資料が使われているのです。

第4章

「どこまで落ちるか」わかればお金の流れがわかる

1 経費の内容別に見るケーススタディ

◇ゴルフのプレー代もキャバクラ代も経費で落とせる

きちんとした領収書をそろえました。経費が仕事に関係するということも説明できます。税金特有の問題もだいたい押さえました。これでひと通りお金の流れがわかったのではないでしょうか。

この章では、払った費用が経費として「どこまで落ちるか」をケースバイケースでご説明します。

大きく分けて、「経費の内容」で分類した縦のケーススタディと、「仕事の内容」で分類した横のケーススタディとで見ていきたいと思います。みなさんもここで応用力を身に付けてください。

まずは、経費の内容別のケーススタディを見ていきましょう。

(1) 自動車・バイク代

自動車・バイクに関するお金を経費計上するためには、ズバリ「仕事用」と「プライベート用」に分ける必要があります。

もちろん、仕事用の部分が経費になるわけですが、仕事用の自動車とプライベート用の自動車の2台あれば何の問題もありませんよね。でも、たいていは車1台で仕事用とプライベートで兼用していることが多いですよね。

車1台で兼用している場合には、何らかの按分比率を決めなければなりません。それも自分の感覚で按分を決めるのではなく、何らかの合理的な基準で決めなければなりません。厳密に言うと、走行距離、使用時間、使用回数などを基準に仕事用とプライベート用の年間使用分の集計をとり、その割合が合理的基準になり得ます。

時間がなくて集計できない場合でも、1か月だけ集計を頑張ってみてください。それを標準按分比率として年間分使う方法もあります。それより長く使用した場合には、不利になったり、税務調査で論点になったりしますが、基準が何もないよりはましです。1週間のうち土・日を休みにしているから「七分の五」を経費にするというのでは、少し根拠が薄いような気がします。

また、自動車やバイクを購入するとよほど安くない限り10万円以上しますよね。10万円以上の場合は、原則第2章で説明したように減価償却費として経費を繰り延べしますからご注意ください。

コラム⑨フェラーリは経費で落とせるか

事業用で経費に落とせる自動車は大衆車だけでしょうか？
テレビ番組で、芸能人や有名スター選手の車自慢でポルシェやフェラーリが登場するのを見たことはありますよね。おそらくその自動車は経費になっているはずです。
芸能人や有名スター選手は夢を売る商売だから経費になるのでしょうか？

平成７年 10 月 12 日に国税不服審判所（簡単に言うと税金に関する裁判所）で面白い裁決がありました。

消費者金融を営むＡ社の社長が、通勤用及び業務用として 2700 万円のフェラーリを取得し会社の経費にした。Ａ社に税務調査が入り、会社の経費として認められなかった。Ａ社はそれを不服として国税不服審判所に訴え、それが認められて経費になった。

経費として認められた理由は以下の点でした。
①車検等の記録から業務として使用していることが明らかであった
②出張精算の記録から社有車を使った日は、旅費は支給されていない
③社長は個人所有の外車を３台持っていた
④安全性・快適性を考えると役員の社用車として高級外車は適しており、中古市場もあるため売却価額がある。

Ａ社が高額納税者であった点等他にも考慮すべき点もあるので、無条件にフェラーリが経費になるとは思われませんが、公私混同していないことを客観的に証明できるかどうかが経費になるかならないかのカギのようです。

（2）旅費交通費

旅費交通費は、交通費（電車代・バス代・タクシー代など）、出張旅費（航空運賃・新幹線代・船賃など）、出張宿泊代・宿泊費、出張日当、通勤費・通勤定期代などさまざまな範囲の費用を含みます。

旅費交通費が経費になるかならないかは、個々の項目よりも目的によって決まります。

◆業務遂行の目的

これは、仕事に直接関係したものを言います。得意先に営業に行った、仕入先に価格の交渉に行ったなど業務遂行のために要したものを言います。国内・海外は問いません。気を付けるべき点は、日当を払うケースです。

日当は交通費・宿泊費などとは別に、1日当たり○○円で支給されます。日当は、出張に行った人がもし出張がなければ支出せずに済んだはずの経費（いつもなら手弁当なのに外食にせざるを得なかった等）を負担するものです。給与の性格もありますが、現在の税法では個人の給与扱いにはならず、所得税が非課税になります。

日当を支払って経費にする場合には、①旅費規程を定めること、②適正額にすることが必要不可欠です。適正額については、これまた税務上金額は明示されていません。出張による拘束時間・役職・事業の規模等で判断してください。

また、日当で重要なのは、フリーランスのような個人事業主本人に対する日当は経費になりません（従業員は経費になります）。

◆接待交際の目的

得意先や仕入先との接待交際のために旅費交通費が発生することがあります。この場合、交際費となります。

ただし、他社が主催する接待に出席するために要する旅費交通費（職場～接待場所、接待場所～自宅）は、業務遂行上の経費であり、接待交際のために支出するものではありませんので、交際費等とはなりません。

でも、自らが接待を主催する場合であって、得意先等を接待会場まで案内するためのタクシー代等は、自らが行う接待のために支出するものですから、他社主催と異なり、交際費に該当することになります。

◆通勤の目的

原則的に経費になりますが、新幹線通勤など遠方から通っている人の通勤費が1か月当たり15万円を超えてしまう場合には、その超える部分が給与とみなされます。

◆研修の目的

研修旅行とは、マーケットリサーチ、視察、人材育成やスキルアップ、士気向上などを目的とした旅行です。仕事に関連するものなので経費にはなりますが、研修旅行の行程に観光が含まれている場合には注意が必要です。

たとえば、次のような研修旅行は原則として会社の業務を行うために直接必要なものとはなりません。

国税庁のＨＰには研修旅行と認められないものとして、

①同業者団体の主催する、主に観光旅行を目的とした団体旅行
②旅行のあっせん業者などが主催する団体旅行
③観光渡航の許可をもらい海外で行う研修旅行

この３つが挙げられています。

要するに、観光がメインとなってしまってはダメだということです。研修がメインでなければなりません。また、研修内容等をまとめたレポートは必ず作成しましょう。

◎社員旅行は経費になるか

国内旅行であれ、海外旅行であれ、得意先に行くとか、仕入先に行くとか、仕事に関連すれば経費になります。

では、記念行事の一環や慰労のために社員旅行に関する経費は無条件に全額落ちるので

しょうか。

やはり度を越した社員旅行は、経費にならない部分も出てきます。従業員の分に関しては、給与と認定され旅行した従業員に所得税等の税金が課されますので、従業員を慰安するために主催したのに、旅行後に従業員から税金を徴収したためにブーイングってことにもなりかねません。

度を越した社員旅行の判定基準は税法上定められています。

従業員レクリエーション旅行や研修旅行を行った場合、使用者が負担した費用が参加した人の給与として課税されるかどうかは、その旅行の条件を総合的に勘案して判定します。
①旅行の期間が4泊5日以内であること
海外旅行の場合には、外国での滞在日数が4泊5日以内であること。
②旅行に参加した人数が全体の人数の50％以上であること
ただし、要件を満たしていても、旅行に参加しなかった人に金銭を支給する場合には給与課税されます。

金額での判定基準がないので、たとえば「ヨーロッパ弾丸ツアーで40万円」というのが会社負担の社員旅行と認められるのでしょうか。

これも度をすぎる社員旅行とされるおそれがあります。社員旅行が福利厚生費として経

コラム⑩総理大臣の出張日当

出張日当については、金額の定めがなく、適正額であれば認められます。

さて、適正額とはいくらでしょうか？

参考になるものとして、「国家公務員の旅費業務に関する法律」をご紹介します。ここでは、国家公務員の出張手当のみならず、総理大臣の出張手当まで定められています。

総理大臣の日当 3,800 円は、みなさんは高いと思われますか？　それとも低いと思われますか？

	区分		内国旅行	外国旅行			
				指定都市	甲地方	乙地方	丙地方
日当	内閣総理大臣等	内閣総理大臣 最高裁判所長官	3,800	13,100	11,100	8,900	8,100
		国務大臣等	3,300	10,500	8,700	7,000	6,300
		その他の者	3,300	9,400	7,900	6,300	5,700
	指定職の者		3,000	8,300	7,000	5,600	5,100
	7級以上		2,600	7,200	6,200	5,000	4,500
	6級以下3級以上		2,200	6,200	5,200	4,200	3,800
	2級以下		1,700	5,300	4,400	3,600	3,200

（単位：円）

費になるのは、旅行によって従業員に供与する経済的利益の額が少額の現物給与は強いて課税しないという少額不追及の趣旨からです。40万円は少額とは言えなくなる可能性があります。

では少額とはどれくらいなのでしょうか。

金額は明示されていませんが、平成22年12月に高額な社員旅行を認めなかった裁決がありました。この裁決では、約24万円の負担額でした。平成10年には19万円で高額とされた事例があります。

国税庁のＨＰでは会社負担10万円の事例がありますので、10万円までは大丈夫と言えそうです。

(3) キャバクラ代

キャバクラの領収書は経費で落とせるでしょうか?

答えは、仕事に関連していれば落とせます。仕事に関連しているとすれば、たいていはお得意先の接待でしょうから、「交際費」としてですが経費になります。

では、一人でキャバクラに行った場合、経費になるでしょうか?

経費として落とせるとしたら、キャバクラを題材にした記事を書くフリーライターくらいでしょうか。

一人キャバクラの領収書を経費にするためには、キャバクラ嬢のサービスを研究するためにとか、若い女の子の考えや流行をキャッチするためにとか、そうした理由なら大丈夫という話もありますが、無条件では難しいと思います。

自分の仕事にキャバクラ嬢のサービスや若い女の子の考えや流行がどうして必要なのか、税務職員を納得させられるだけの説明と、キャバクラでどのようなことを学んだかについてのレポートを作成する必要があるのではないでしょうか。

（4）ゴルフのプレー代

ゴルフ関連の経費は、どこまで落ちるのでしょうか？

プレー代は？　飲食代は？　お土産代は？　コンペの賞品代は？　交通費は？

実は、ゴルフ関連の経費は、すべて「交際費」です。

ただし、一緒にプレーした人が、事業に関係ない人ですと、つまり友人だけですと、交際費とならず役員の賞与となりますので、一緒にプレーした人を明確にしておかなければいけません。

ラウンドを終えてのビールは格別ですよね。お客様と一緒だから、ゴルフ場での飲食代も一人当たり５０００円までは会議費扱いになるのでは？

いえいえ、同じ飲食代でも、最初からの会議に隣接している飲食代と、ゴルフが主目的の飲食代では取り扱いが違います。

飲食だけの交際費は５０００円基準で経費として落ちますが、ゴルフの飲食代は、たとえ一人当たり５０００円以下でも交際費です。

（５）祝儀・香典

私生活でも、事業を営んでいても、冠婚葬祭で祝儀や香典を包まなければならないケースはあります。

仕事関係の冠婚葬祭に関するものは経費になります。出金伝票に支出した金額を記入し、招待状や会葬礼状の葉書と一緒にして、領収書の代わりにします。

仕事関係とひと口に言いますが、法人の場合、得意先・仕入先等外部の関係者に対する祝儀・香典は交際費になります。従業員、元従業員、彼らの近親の場合には、福利厚生費になります。

ところで、個人で祝儀や香典をもらった場合、原則税金はかかりません。

では、１０００万円の祝儀をもらった場合はどうでしょうか？

みなさんの常識と照らし合わせても、高すぎると感じませんか？

祝儀・香典に税金がかからないのは、その金額が社会通念上相当であると認められる範囲内であればという前提がつきます。

親から子への結婚祝いの祝儀が高すぎれば贈与税が課されます。会社から従業員への祝儀が高すぎれば、所得税が課されます。落語家の襲名祝いの祝儀のように仕事に直接関係しているものは、事業所得として売上計上し、所得税が課せられます。

(6) お葬式の費用

今般、創業者である先代の社長が亡くなりました。亡くなるまで、取締役会長でした。葬式には得意先及び社員も多数参列する見込みです。よって、当然に会社の社葬として会社の費用で行いたいと思います。この場合、すべて会社の費用として経費に落としていいのでしょうか？
いえいえ、社葬といえども全部会社の経費とするわけにはいけません。税務上、お葬式は次のように考えます。
お通夜……個人的な経費
告別式……会社の経費

お通夜は近親者で行うものと考えられていましたが、最近は、親族だけに限らず、取引先、会社関係者が多数参列します。

逆に、告別式は、会社関係者が参列するものと考えられていましたが、今は、お通夜に参列できなかった人や、親族等本当に亡くなった人と親しい人が参列する傾向にあります。

税務上、お通夜の経費は個人の経費として、告別式の経費は会社の経費と考えています。亡くなった人の運搬費、戒名代、焼き場の費用は個人的な費用とされます。これらの費用は、相続税の申告の時に葬式費用としてマイナス財産として相続財産から引くことができます。

もうひとつ、初七日の費用、香典返戻費用は、個人の経費となりますが、会社の経費にも相続税の費用にもなりません。これは、全員が行うものではなく、単なる慣習だからと言われています。

以上のように、お葬式でかかった費用は、お通夜と告別式に区分します。区分の仕方に決まった方式はありませんが、合理的と思われる方法によります。

一般的には、葬式業者の明細や参列者の名簿による区分などです。よく受付に、会社関係、個人、町内会などと分けている葬式がありますね。あらかじめ区分しておくと、後で返戻しやすい面もありますが、経費を区分する資料にもなります。

それと、社葬にするために最も重要なことがあります。

葬式の通知や葬儀場の掲示に、「○○会社社葬」と表記することが必要です。

個人の通知で出した場合、後から葬式費用を会社に負担させるということは難しいです。

葬式の様子を写真で残し、あくまで会社で行ったという証拠を残しておく必要もあります。

最近は、「お葬式は近親者で行いました。後日お別れの会を行います」という形式が増えています。この方法だと、お葬式費用は個人の経費、お別れ会の経費は会社の経費として区分しやすいですよね。

ちなみに、香典はたとえ社葬として受け取ったものであっても、相続人がもらってもかまいません。香典は相続税でも非課税です。

(7) 地代家賃

地代家賃には、事務所家賃、駐車場代、倉庫代、社宅家賃などがあります。

多くの場合、不動産会社を通して大家さんと賃貸借契約を結び、月々の家賃、礼金、更新料、共益費、敷金保証金の金額、支払いに関する取り決めをします。

契約時には、翌月の家賃、敷金、礼金、不動産の仲介手数料を支払うことが一般的ですが、最近ではフリーレントと言い、最初の3か月を家賃が無料になるようなケースも見受けられます。

家賃に関して契約する場合には、支払った金額などのそれぞれの領収書をもらっておくようにしましょう。敷金は、家賃を滞納した場合や退去時の修繕費を確保するための預け金ですので経費になりませんし、礼金についても20万円以上のものは金額は経費にならず、契約期間に応じて経費とされますので、内容が確認できる資料が大切になります。

また、契約後は月々の家賃等について、領収書をもらうケースは少なく、請求書を大家さんからもらう場合もあれば、もらわない場合もあります。領収書をもらうことがないため、支払いの証拠を残すために、銀行振込みにして通帳に相手先が明示されるようにしておきましょう。

第2章でご説明したように、個人事業者が自宅兼事務所で事業を行う場合には、事業用に使用する部屋の占有率などの事業費率により按分割合を計算することになります。

法人については、事業費率により按分するという概念はなく、法人が大家さんと賃貸借契約を結び、家賃のやり取りをしなければいけません。また、法人については、自宅を法人契約にして、一定金額を社宅使用者に負担させることにより、法人の経費として認められます。

◎社宅にできる範囲

会社を経営されている方で、自分のお住まいを会社が借り上げて社宅にしていらっしゃる方は多いです。社宅にすることによって、家賃などを経費にするのですが、無償貸与である場合や負担額が基準に満たない場合には、給与として課税されます。この場合、役員賞与として会社の経費にならないばかりか、社長の所得税も重くなってしまいます。

したがって、一定の負担額を社長であっても会社に支払うことになります。その基準は税法によって定められています。

社宅は、①小規模な社宅、②小規模な社宅以外の社宅、③豪華社宅に分類されます。

①②を分ける基準は、建物の耐用年数が30年以下の場合には床面積が132平方メートル以下である住宅、建物の耐用年数が30年を超える場合には床面積が99平方メートル以下（区分所有の建物は共用部分の床面積を按分し、専用部分の床面積に加えたところで判定します）負担額は別記の表のようになります。

③の豪華社宅は、税法上社宅とはみなされません。したがって、かかった実費すべてが経費となりません。豪華社宅であるかどうかは、床面積が240㎡を超えるもののうち、取得価額・支払賃貸料の額、内外装の状況等各種要素を総合勘案して判定するとされています。240㎡以下であっても、プールや茶室など役員個人の趣味嗜好が反映された設備

を有する社宅も含まれます。

「総合的に勘案して」という文言には気を付けてください。上記の要件は満たしているけど、租税回避が明白なものは認めません、ということです。従って、数字的な目安はありませんので、税務調査等の印象で判定されてしまいます。

社宅が経費に認められるのは、会社の役員や従業員の福利厚生のためです。会社の福利厚生はきちんと福利厚生規程として整えられていなくてはなりません。役員ひとりの小さな会社であっても、社宅制度を導入するためには、福利厚生規程を作成してください。また、適正な負担額を計算して会社に支払ってください。


（小規模な社宅の場合）

次の（1）から（3）の合計額が賃貸料相当額になります。
(1)（その年度の建物の固定資産税の課税標準額）×0・2％
(2)12円×（その建物の総床面積（平方メートル）／3・3平方メートル）
(3)（その年度の敷地の固定資産税の課税標準額）×0・22％

（小規模な社宅以外の社宅の場合）

役員に貸与する社宅が小規模住宅に該当しない場合には、その社宅が自社所有の社宅か、他から借り受けた住宅等を役員へ貸与しているのかで、賃貸料相当額の算出方法が異なります。

①社有の場合

次のイとロの合計額の12分の1が賃貸料相当額になります。

イ　（その年度の建物の固定資産税の課税標準額）×12％

ただし、建物の耐用年数が30年を超える場合には12％ではなく、10％を乗じます。

ロ　（その年度の敷地の固定資産税の課税標準額）×６％

②賃貸の場合

会社が家主に支払う家賃の50％の金額と、①（社宅の場合）で算出した賃貸料相当額とのいずれか多い金額が賃貸料相当額になります。

（８）給料

給料の種類には、毎月支払われる基本給、仕事場に通うための交通費（通勤費）、住宅手当、扶養手当、残業手当等のほかに、６月と12月など不定期に支払われる賞与があります。

賃金は最も重要な労働条件ですので、従業員を採用した時に、手当や賞与などの事項を、口答ではなく文書により細かい条件をしっかり通知しておかないと、後でトラブルになる

給与明細の作成例

令和２年６月分 給与明細書
事業所名
氏名　　　　　　様

支給日　令和２年６月25日

【支　給】	
基本給	210,000
残業手当	10,000
通勤費	5,000
その他	0
合　計	225,000

【控　除】	
社会保険料	30,924
所得税	4,410
その他	0
合　計	35,334

【差引支給額】	
支給計	225,000
控除計	△35,334
差引金額	189,666

こともありますので、必ず労働契約書（雇用契約書）を作成するようにしましょう。

事業を開始して、初めて給料を支払う場合には、税務署に給与支払事務所等の開設の届出書を提出しなければいけません。

給料を支払う際には、決められた給与額、通勤費などを合計し、給与額に対応する源泉所得税を従業員から預り、その源泉所得税を差し引いて従業員に支払うこととなります。

預かった源泉所得税は、国に納税する必要がありますので、税務署に給料を支払っている旨の届出書を提出する必要があるわけです。

なお、源泉所得税は給料を支払った月の翌月10日までに納付しなければいけませんが、給料の支払者が常時10人未満の事業所については、所定の手続きをすることで、7月10日と1月20日の年2回に分けて、それぞれ半年分を納付することができます。

また、社会保険に加入している事業者は、給料の支払い時に、源泉所得税のほか、従業員が負担すべき社会保険料を預かる必要があります。

以上のことから、給料の支払いはやや複雑な面もありますので、従業員個々に給与明細を発行することはもちろん、従業員全員の賃金台帳を作成してください（賃金台帳の作成は労働基準法で義務付けられています）。

（9）生命保険料

生命保険料は保険会社と保険契約をして、年払い又は月払いとして保険料を支払うことが一般的です。

生命保険には3つの種類があり、定期保険、養老保険、終身保険と呼ばれます。

「定期保険」は、保険料を支払っている間だけ保険が適用されるという保険で、一般的に掛け捨て保険と呼ばれるものです。

定期保険では、保険対象者が保険期間内に死亡した場合に、死亡保険金が支払われるもので、少ない掛金で大きな保障があるのが特徴的です。

「養老保険」は、保障と貯蓄の両方を兼ね備えた保険と言われます。保険期間中に保険対象者が死亡した場合には死亡保険金が支払われ、保険支払期間の満期時には死亡保険金と同額の満期保険金が支払われます。

貯蓄型の保険ですので、保険期間の途中でも、解約返戻金を有効利用することができますが、その代わり保険料は安いとは言えません。

「終身保険」は、保険対象者の一生涯にわたって保障する保険で、保険対象者が何歳で亡くなられても保険金が支払われます。将来保障が必要ではなくなった時には、解約返戻金を受け取ることができます。

一定の要件を満たせば生命保険料も経費に

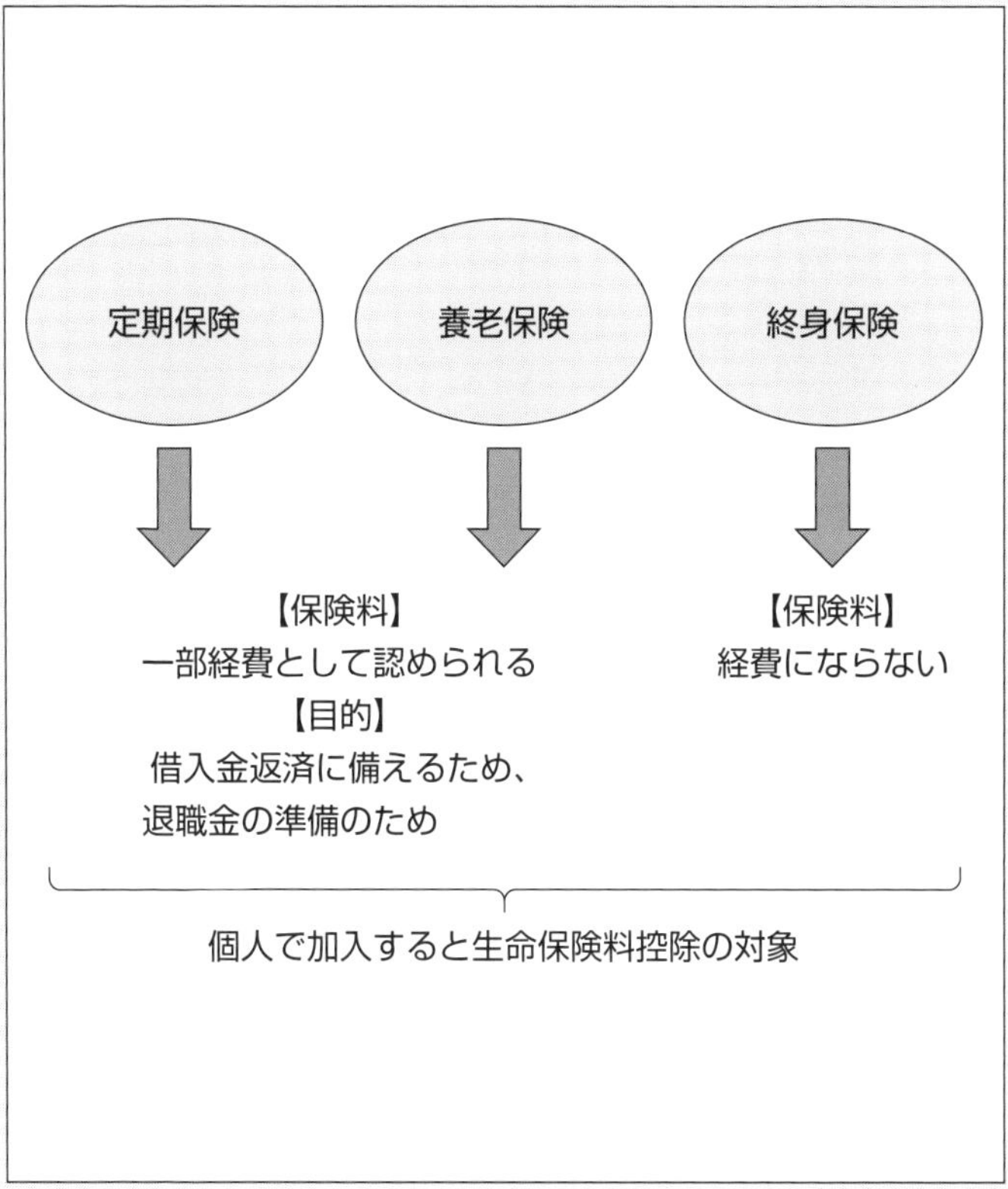

個人事業では、自身が保険対象者として加入する定期保険、養老保険、終身保険の保険料は、いずれも事業上の経費にはなりません。その代わり、所得税の計算上、生命保険料控除として一部が所得控除されます。また、従業員に対して掛ける定期保険、養老保険は一定条件を満たすと保険料の一部が事業上の経費とされます。

法人についても、役員、従業員を対象とする定期保険、養老保険は一定条件を満たすことにより経費として認められます。なお、終身保険の保険料はすべて経費として認められません。事業で生命保険に加入するメリットとしては、不慮の事故により事業者が死亡してしまった場合に、保険金で借入金の返済ができることや、退職金の原資として保険を活用することが多く見受けられます。

(10) 公租公課

公租公課はいわゆる税金です。法人に課せられる法人税、個人の所得に課せられる所得税、最終消費者に対して課される消費税、不動産に関する固定資産税、不動産取得税、自動車に関する自動車取得税、自動車重量税、自動車税、ガソリン税、また文書に課される印紙税、その他地方自治体の手数料である収入印紙など多数あります。事業上の経費として認められるものとそうでないものがありますので、確認しておくといいでしょう。

経費と認められる公租公課

経費として認められる税金	経費として認められない税金
・固定資産税	・所得税
・都市計画税	・法人税
・不動産取得税	・地方法人税
・自動車税	・住民税
・自動車重量税	・延滞税
・自動車取得税	・交通罰則金
・ガソリン税	・過料など
・登録免許税	
・事業税	
・印紙税	
・ゴルフ場利用税	
・入湯税	
・事業所税など	

コラム⑪余裕があったら１年分を払おう

受けたサービスが経費になるのは、会計期間に発生したものに限定されます。たとえば､会計期間が令和２年１月から12月とすると､この期間で受けたサービスのみが経費となり、令和３年１月分以降のサービスは、令和２年12月までに払っていたとしても経費になりません。この経費にならないものを前払費用と言います。

ただし、例外的な取扱いとして、
（1）契約に基づき継続的にサービスを受けるために支出した経費
（2）期間が１年以内である
（3）支払った時に毎回経費処理する
ことを満たす前払費用は、支払った時に全額を経費にすることができます。

ケーススタディで見た「地代家賃」「生命保険」がこの例外的取扱いをするサービスになります。
例えば令和２年12月〜令和３年11月の１年分の地代家賃を、毎年12月に支払って、毎年経費処理すれば、認められることになります。

１年分だと、結構な金額になりますが、余裕があれば検討してみてはいかがでしょうか。

2 仕事の内容別に見るケーススタディ

◇業務上か私的な費用かの分かれ目は「報告書」の作成がカギ

(1) YouTuber

YouTuberを代表とする動画投稿で発生する経費は、まず動画を撮影する機材、動画を編集するソフトウェアがあります。拠点となる場所も必要ですから地代家賃、インターネット料金なども必要経費になります。

仲間を集めて動画撮影をしているケースでは、仲間へのアルバイト代、打合せ飲食代、撮影のための旅費交通費も経費になります。有名なYouTuberが行うプレゼント企画も広告宣伝費として落ちますので、節税対策として用いられるそうです。

動画投稿の内容は多岐にわたるため、たとえば、

- グルメ情報　　飲食費、食材の購入代金
- ゲーム配信　　ゲーム機本体、ゲームソフト
- ファッション　　洋服代、エステ代
- ガジェット　　機器購入代

・ペット餌代、予防注射代

など内容次第で色々なものが経費になります。ただし、売上に結びついたもののみ経費になりますので、個人的に使用した部分については、経費になりません。税務署の人に説明できる「合理的な基準」を設けておくことが必要になります。経費にしたものが動画の中に映っている証拠があるという点で、他の職業よりも説明が楽です。

◎広告収入の条件

経費として認められるためには、売上に関連するものでなければなりませんが、売上、つまり、広告収入が得られる条件はどのようなものでしょうか。

YouTuberが広告収入を得られる条件を見てみましょう。

①チャンネル登録者数が1000人以上
②年間の再生総時間が4000時間以上
③18歳以上であること

が条件になります。1再生当りの広告収入は0・05~0・1円と言われていますので、10万回の再生があっても1万円くらいにしかなりません。収益化を達成して、本業として食べていくためには、とても大変ですね。

（2）芸能人・アイドル

芸能人の経費はどこまで落ちるのでしょうか？

テレビの撮影、雑誌の取材等に追われ、プライベートと言われる時間を持てない芸能人の経費は、生活すべてが仕事のため、全部経費が落ちるのでは……。いえいえそうではありません。芸能プロダクションに所属している人、個人でやっている人それぞれありますが、芸能人の場合、衣装代、化粧品、エステ代などほとんどのものがある一定の要件を兼ね備えていれば経費となると考えます。それは、「事業」との関連性です。

たとえば、衣装もこのテレビドラマのために購入したとか、プライベートでは決して使用していないということです。化粧品も、エステ代も、個人の趣味的な要素もありますが、芸能人として容姿を磨くため、維持するために必要なものであれば経費と認められるでしょう。次のようなものも経費と認められます。

・出演場所までの交通費、宿泊代……交通費
・携帯代、葉書、切手代……通信費
・芸能関係者への中元、歳暮、食事代……交際費
・文房具品・コンピュータ……消耗品費
・マネージャー、スタッフの給与……給与

その中で、経費としにくいものが出てくることでしょう。その時は、事業と個人部分とに分ける必要あります。その区分は、税務上「合理的な基準」で分けろということになっています。50対50がいいのか、60対40がいいのかはその人の個別事由が働きます。

実際には、全額経費に落とそうとしない、何割かは経費としないルールを持つことが必要だと考えます。

◎アイドルの印税はいくらもらえるの？

曲には、著作権というものがあります。盲目の作曲家がゴーストライターを使ったと騒がれたことがありましたね。音楽にかかわらず、本にも著作権というものがあります。音楽で言えば、作詞家、作曲家、本で言えば作家が著作権を持つことになります。

それでは、アイドルの曲はどうなるのでしょうか。ＣＤについては、著作権使用料６％、原盤印税約10％、アーティスト印税約２％などがかけられます。

◆著作権使用料

音楽の著作権は、一般社団法人日本音楽著作権協会（以下ＪＡＳＲＡＣという）が管理しています。作詞家、作曲家は、曲を作った場合、ＪＡＳＲＡＣに登録します。ＪＡＳＲＡＣは、曲の使用料を徴収し、作詞家、作曲家に支払いをします。

これが、著作権使用料であり、印税と言われるものです。JASRACによると、CDの場合は、CD価格×6%×CD出荷枚数です。これはCDを作ったレコード会社がJASRACに払い、その中からJASRACの取り分6%×6%＝0・36%を差し引き、残りを音楽出版社1／2、作詞家1／4、作曲家1／4の割合で支払います。

◆原盤印税

原盤を持っているところ、つまりマスターテープを作ったレコード会社に支払われるものです。いろいろなケースがありますが、約10%と言われています。

◆アーティスト印税

歌手に対して支払われるもので、約2%と言われています。メンバーが複数いる場合には、この2%をみんなで分配します。48人もいるグループでは、これを分けると一人当たりの金額はほんの微々たる金額になってしまいますね。参考までに、1枚1000円のCDの内訳を次頁に掲載しました。

印税の比率は、CD1枚の価格のうちの比率で、あくまで概算です。これを見るとCDが売れても、レコード会社等がほとんどをとってしまい、アーティストに入る収入はほんのわずかです。グループでやっているところは、さらにこの金額を割っていくのですね。

1000円のCDが100万枚売れたとしたら、1000円×2%×100万枚＝20

1枚1000円のCD売上げの内訳

ＣＤショップ （ＣＤショップのもうけ）	30%
ＣＤ印刷 （ＣＤジャケット、ケースの製作費）	10%
著作権使用料	6%
（内訳）	
ＪＡＳＲＡＣ	0.36%
音楽出版社	2.82%
作詞家	1.41%
作曲家	1.41%
アーティスト印税 （歌手の取り分）	2%
原盤印税 （レコード会社の取り分）	12%
レコード制作会社 ・ＣＤの広告宣伝 ・レコード会社の利益 ・レコード会社の人件費等の経費	40%

00万円です。なかなか厳しい数字ですね。

しかし、印税は、CDの販売だけでなく、カラオケで歌われたり、再放送で使われたり、カバーされたりした時にもかかりますので、名曲になりますと、長くいろいろなところで歌われ、その都度収入が入ってきます。ちなみに、新人のころは、芸能事務所が管理し、収入は事務所のものとなり、給料制となるケースもあります。アイドルはきびしいですね。

(3) スポーツ選手

日本では、野球、サッカー、テニス、バレーボール、ゴルフその他数多くのスポーツ選手が活躍しています。テレビでよく見るスポーツ選手も、一事業主として事業を行っている場合が多く、収入や経費もさまざまなものがあります。

スポーツ選手の収入は、チームスポーツと個人スポーツにより異なるようです。チームスポーツの場合は、クラブチームと契約してクラブチームに所属し、クラブチームからの報酬が主な収入となります。個人スポーツの場合は、所属スポーツ団体からプロスポーツ選手としてのライセンス等を取得し、大会などの賞金が主な収入になると言われます。

また、有名な選手になると、メディアに多く取り上げられることから、写真などの使用料(肖像権等収入)や、CMなどスポンサーからの協賛金や広告収入があり、収入の大きな割合を占めるそうです。

チームに所属するスポーツ選手は、多くの場合、年単位の契約を結び、チームの意向に沿ってプレーをすることが求められます。規律が厳しいことから、短期契約のサラリーマンにやや近いところもあります。ただし、給与ではなく事業として報酬を得るものであり、一事業主となることから、収入や経費の管理を自分でしなければいけません。

このようなスポーツ選手は、クラブチームからユニフォーム、練習着などを提供され、クラブチームの活動時には必ず着用することが決められています。また、スポーツに必要な用具や備品もクラブチームから支給されることが多いようです。

一方、個人スポーツについても、賞金などの収入を管理するとともに、経費の管理も欠かせません。スポンサーとの契約により、スポーツ用具や備品の提供の代わりに、公式の場でスポンサーの用具等を使用することを要求されている場合が多いと言われます。

スポーツ選手の事業における収入は、毎月もらう報酬や、大会などの賞金、スポンサー報酬などですが、経費は、スポーツをすることで稼ぐために必要なものですので、スポンサーから支給されるものは自分で購入しない限り経費にはなりません。

練習場に行くための交通費はもちろん経費になりますが、自動車を購入して練習場に行くような場合には、それも経費として認められます。

◎スポーツ選手の賞金に課税はされるのか

最近、ゴルフやテニスなどスポーツで日本人が活躍していますよね。プロ選手の賞金は事業所得とされ、当然ながら確定申告が必要となります。では、ゴルフでアマチュアの選手が優勝した場合の優勝賞金や賞品はどうなるのでしょうか。

公益財団法人日本ゴルフ協会のアマチュア資格規定で、アマチュアゴルファーは、賞金をもらえることになりましたが、全額をチャリティーなどに寄付することが条件になります。結局は賞金・賞品はもらえません。その代わり試合によっては、他の試合に出場できる権利を与えられる場合があります。

ちなみに、優勝したアマチュアが辞退した優勝賞金はどうなるのかと言えば、優勝賞金、賞品はスライドし、2位だったプロ選手に支払われます。

このアマチュア資格規定で面白いものを見つけました。アマチュアゴルファーは、ホールインワンした場合には、優勝した場合と異なり、ホールインワンの賞金を含め、賞品を受け取ることができるそうです。アマチュアゴルファーの賞金、賞品はプロとは違い、一時所得なり、収入から経費を引いて、さらに50万円の特別控除を引いてくれます。さらに、残りの金額を1／2にしてくれます。かなり有利になります。

賞品については、商品券ですと券面額ですが、物品ですと定価の60％の評価にしてくれます。たとえば５００万円の車ですと、５００万円×60％＝３００万円となるわけです。トーナメントの賞金についてはご理解いただけたと思いますが、その他にもいろいろな賞金、報奨金があります。

４年に一度のオリンピックは、メダルの獲得数が気になりますよね。新型コロナ感染拡大により延期になりましたが、東京オリンピックでの日本のメダル獲得ラッシュが期待されます。日本では、公益財団法人日本オリンピック委員会（ＪＯＣ）が、金メダルを取得したら５００万円、銀メダルなら２００万円、銅メダルには１００万円の報奨金を出しています。この報奨金は、課税されるのでしょうか？

一般的には、報奨金は一時所得となり、所得税の課税がされます。

オリンピックの報奨金も昔は課税されていました。昔とはいつかというと、今から約30年前に当時14歳だった岩崎恭子さんが水泳の平泳ぎで金メダルをとり、日本中大騒ぎになりました。当然に報奨金３００万円が支払われました、この報奨金が課税されるということで、批判が殺到し、その後非課税となった経緯があります。つまり、現在、オリンピックの報奨金は非課税なのです。パラリンピックの賞金も当然に非課税です。

◎ノーベル賞や国民栄誉賞には課税されるのか

報奨金をもらえる特別な賞には「ノーベル賞」もあります。

ノーベル賞は、ノーベル基金から支払われます。これは、日本政府が支払う報奨金ではありませんが、これも非課税です。湯川秀樹氏のノーベル賞（物理学賞）から、やはり世間で問題になり、非課税となりました。

さらに、「国民栄誉賞」というものもありますね。王貞治氏から始まり、なでしこジャパン、吉田沙保里さんも授与されました。この賞には報奨金は出ないそうで、もらえるものは、賞状・記念品・盾の3つだけだそうです。あくまで名誉賞なのですね。

「文化功労賞」という賞もありますね。文化功労者に対して年金、金品等が支給されます。この文化功労者に対する年金や金品等についても非課税です。

日本学士院や日本芸術院から恩賜賞、学士院賞、芸術院賞として支払われる金品も非課税です。多大な研究成果、功績をあげたご褒美に税金をかけるのは、やはり国民感情から見てもご褒美にはならないですよね。

◎当たり馬券は税金を支払うの？

春と年末には大きなレースがあります。何万人、何十万人の人が、競馬場に集い、またテレビで観戦をします。一つひとつのレースに一喜一憂します。まぐれで当たる人もいれば、馬の血統から予想して当てる人もさまざまです。

当たる喜びとともに当たり馬券の払い戻しの金額も楽しみです。たった100円が1万円以上になることもあるわけです。これを万馬券というのですよね。

宝くじは、確か非課税でしたが、馬券も非課税になるのでしょうか。残念ながら非課税ではありません。税金の計算上は、非課税でなく、一時所得になり税金が課税されます。

個人の税金では、給与、退職、配当、譲渡など10種類に区分されます。その中で、毎年お金が入ってくる収入、給与や配当は、そのままの金額が課税されますが、退職や一時は、毎年あるものでなく、1回きりの収入の可能性が高いため、利益を1／2にしてくれます。退職金をもらうのも人生でそう何回もあるものではありません。競馬で当たるのも、そう何回も当たるものではないと考えているからでしょうか。

ちなみに競馬の収入の税金計算は、

(当たり馬券の収入－当たり馬券の購入費－50万円)×1／2＝利益となります。

50万円引いて1／2にしてくれますのでかなり有利ですね。

ところがここで大問題があります。先ほどの万馬券が当たったとします。収入1万円です。買った馬券は、100円を10通り、別々の種類を買いました。1レース、合計で10

00円購入しました。そのうちの1つが当たったのです。利益の計算は、1万円－1000円＝9000円ではなく、1万円－100円＝9900円となります。はずれた馬券の購入費は、経費とみてくれないのです。最終的には、年間の当たり馬券を合計し、その当たった馬券だけの購入費を差し引き、さらに50万円を差し引き、1／2をかけて利益を出します。

通常、みなさんはこのように利益が50万円を超えた場合には、税金の申告が必要となります。しかし最近、このような税金の計算を覆す事件がおきました。はずれ馬券を経費とみる判決が出されたのです。

競売予想ソフトと配信サービスを使い、ものすごい馬券を購入し、当たった馬券を次のレースに再投入するというのです。これを年間繰り返すのです。

全競馬場の全レースを対象に、一定の基準を満たす出走馬の馬券を買うのです。

裁判所は、馬券の購入を趣味の域を超えて、営利を目的とする継続する行為から生じた利益と判断しました。馬券の売買を仕事と同様と考えたのです。あまりにも購入回数、購入金額が多額だったのです。当たった金額が3年間で約30億円でした。

これを機に、馬券の払戻しを雑所得とする基準が設けられました。馬券購入の期間、回数、頻度その他の態様、利益発生の規模、期間その他の状況等の事情を総合考慮して区分されます。

具体的には、馬券を自動的に購入するソフトウエアを使用して定めた独自の条件設定と計算式に基づき、または予想の確度の高低と予想が的中した際の配当率の大小の組合せにより定めた購入パターンに従って、偶然性の影響を減殺するために、年間を通じてほぼすべてのレースで馬券を購入するなど、年間を通じての収支で利益が得られるように工夫しながら多数の馬券を購入し続けることにより、年間を通じての収支で多額の利益を上げ、これらの事実により、回収率が馬券の当該購入行為の期間総体として100％を超えるように馬券を購入し続けてきたことが客観的に明らかな場合は、雑所得に該当することになります。

(4) 飲食店経営

飲食店経営で発生する費用は、飲食店の場所に関する経費、水道光熱費、食材代・飲料代、仕入のための自動車代、従業員の給料・アルバイト代、冷蔵庫・厨房などの設備、清掃代、常連さんとのお付き合いなどがあります。

店舗などの場所に関する経費は、利用按分してください。店舗兼住宅で飲食店を営むケースも多いと思います。店舗兼住宅をローンで購入する際に、住宅ローン控除を受けるためには、専有面積の2分の1以上が居住用であることが必要なので、気を付けてください。

また、家族に店を手伝ってもらう場合も多いと思いますが、給料を支払う時は、第3章で紹介した青色専従者給与の説明を参考にしてください。税務調査では、食材代・飲料代が家庭用と混在していないかがチェックされます。家族用の食料のレシートを別個保管しておくとか、賞味期限が切れて廃棄するものの写真を保管するなどしておいてもいいでしょう。家族分を1食○○円と適正額で売上計上するのもいいかもしれません。

お店のレシピを増やすためにリサーチとして他店に行った場合は、自分の食事のために行ったことと違うことを証明するために、食べた時の感想や自分の店に取り入れた理由、取り入れなかった理由を記入した報告書を作成してください。

飲食店経営は、材料を仕入れて、それを加工し、料理などとして、お客様に提供する商売です。飲食店経営における一般的な経費割合を見てみると、材料費は一般的に売上げの30％以下にすることが目標とされます。経費の多くを占める人件費は約25％が目安となります。残りは、店の家賃とその他の経費が、それぞれ売上の10％前後を占めることになります。

また、飲食店を始める場合には、材料の購入が当然必要ですが、調理に必要な器具、テーブルや椅子、食器などの備品も揃える必要があります。材料については、現金で購入する場合は必ず領収書やレシートをとっておくようにしましょう。

鮮度の関係から毎日材料を購入するため、八百屋、肉屋、酒屋などと掛け払いの契約をして、月末締め翌月振込み払いなどにするケースが多いようです。大量購入することによる価格のメリットもありますし、一月分の納品書、請求書で預金振込みにすることにより、一回一回領収書を保管する必要を省くことができます。少し工夫すると非常に管理が簡素化することになりますので、効率性が上がります。

また、飲食店開始に必要な内装工事、調理機器などは税金の控除を利用することもできますので、請負契約や明細のわかる領収書などは必ず保管するようにしましょう。

なお、お客様に、売上げに対するレシートや領収書を求められることが多いと思います。領収書を発行する場合、5万円以上の売り上げには収入印紙の貼付が必要ですので、忘れないようにしましょう。

(5) サロン経営

サロン経営で発生する経費は、サロンの場所の経費、水道光熱費、ボディクリーム等の消耗品、エステティシャンの給料、施術台・毛抜き器等の設備、チラシ等の広告宣伝費、予約を受ける際の電話代、新しい施術を行うための研修費などがあります。

自宅をそのままサロンとして営業している場合には、自宅が持家か賃貸であるかで大きく変わります。持家であれば、不動産にかかる固定資産税、管理料・修繕積立金、火災保険料、建物の減価償却費を、利用按分に応じて経費にすることができます。賃貸である場合には、家賃、共益費、火災保険料を同じく利用按分に応じて経費にすることができます。

また、ボディクリーム等の消耗品をお客様に使う前に自分に試用するのは、安全上大事なことですから経費になります。自分の美容のために使用したのと違うことを証明するためには、クリームを使用した時の感想や経過報告、実際にお客様に使うことを判断した理由を記入した報告書を作成してください。

新しい施術を自分のサロンに取り入れるために、他のサロンの施術を受ける研修費も経費になります。これもまた、自分の美容のために施術を受けたことと違うことを証明するためには、施術を受けた時の感想や自分のサロンに取り入れた理由、取り入れなかった理由を記入した報告書を作成してください。

ところでサロン経営では、回数券を発行したりします。10回分の値段で11回分の券が付いていて1年間有効である回数券です。回数券に基づいて施術を行いますが、売上げをいつ計上するのかわかりますか？

施術ごとに10／11回分の売上げを計上するのでしょうか？

回数券代金をもらった時に10回分の金額を計上するのでしょうか？

正解は、後者の回数券代金をもらった時に全額売上計上になります。税務調査で指摘されやすい所ですので、気を付けましょう。

(6) Uber Eats 配達員

最近、大きい緑の四角のバッグを背負って自転車に乗っているUber Eats配達員さんを街でよく見るのではないでしょうか。

Uber Eats配達員さんで発生する経費は、まず自転車やバイクの購入代金・維持費用、連絡をやり取りするための携帯代、水分補給する飲料代などが挙げられます。

自転車やバイクの購入代金も、1台当たり10万円以上であれば、減価償却費として経費化されることになります。

Uber Eats配達員さんの確定申告はどうなっているか気になりませんか？

その確定申告は、副業でやっている場合と本業でやっている場合とで大きく異なります。

次のようになります。

（1）本業としてUber Eats配達員さんをやっている方
確定申告の義務があります。

（2）副業としてUber Eats配達員さんをやっている方
①副業の所得が20万円以下
確定申告をする必要はありません。
②副業の所得が20万円超
確定申告の義務があります。

コラム⑫副業を会社にバレないようにするには？

先に見た Uber Eats 配達員さんは副業でやっている方が多いと言われています。国としても、働き方改革の一環で副業を認めようとしていますので、副業を持つ方がどんどん増えるのではないでしょうか。
とはいえ、まだまだ副業を推奨している会社は少ないので、副業をしているのを会社に知られたくない方も多いのではないでしょうか。

確定申告をすると、住民税も増えてしまいます。住民税を会社の給与から天引きにしてしまうと、給与の額に見合わない住民税が控除されてしまい、場合によっては人事を通じて会社に副業が知られてしまうケースがあります。

副業の所得を 20 万円以下にして確定申告自体行わない方法もありますが、気持ちはガッツリ稼ぎたいところ。

その場合には、確定申告をする際に、給与所得以外の住民税の納付方法を、左の図のように自分で納付する「普通徴収」を選択するようにしてください。

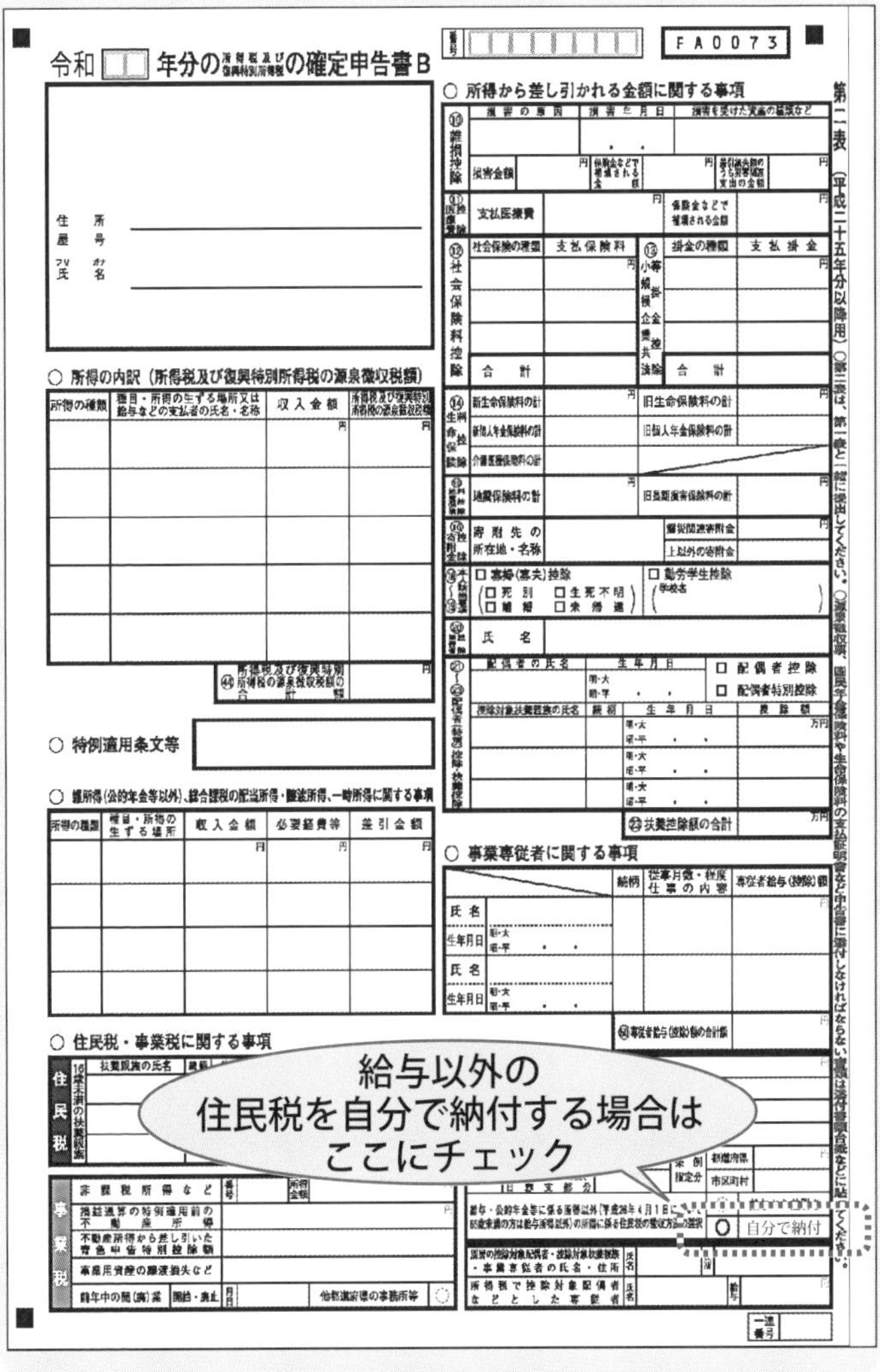

令和□□年分の所得税及び復興特別所得税の確定申告書B

FA0073

住所
屋号
フリガナ 氏名

○ 所得の内訳（所得税及び復興特別所得税の源泉徴収税額）

所得の種類	種目・所得の生ずる場所又は給与などの支払者の氏名・名称	収入金額	所得税及び復興特別所得税の源泉徴収税額
		円	円

㊹ 所得税及び復興特別所得税の源泉徴収税額の合計額　円

○ 特例適用条文等

○ 雑所得（公的年金等以外）、総合課税の配当所得・譲渡所得、一時所得に関する事項

所得の種類	種目・所得の生ずる場所	収入金額	必要経費等	差引金額
		円	円	円

○ 住民税・事業税に関する事項

○ 所得から差し引かれる金額に関する事項

⑩ 雑損控除：損害の原因／損害年月日／損害を受けた資産の種類など／損害金額／保険金などで補塡される金額／差引損失額のうち災害関連支出の金額

⑪ 医療費控除：支払医療費／保険金などで補塡される金額

⑫ 社会保険料控除：社会保険の種類／支払保険料／合計

⑬ 小規模企業共済等掛金控除：掛金の種類／支払掛金／合計

⑭ 生命保険料控除：新生命保険料の計／旧生命保険料の計／新個人年金保険料の計／旧個人年金保険料の計／介護医療保険料の計

⑮ 地震保険料控除：地震保険料の計／旧長期損害保険料の計

⑯ 寄附金控除：寄附先の所在地・名称／政党等寄附金／上以外の寄附金

⑰〜⑲ 本人に関する事項：□寡婦（寡夫）控除（□死別 □生死不明 □離婚 □未帰還）□勤労学生控除（学校名）

⑳ 雑損控除：氏名

㉑〜㉒ 配偶者（特別）控除：配偶者の氏名／生年月日（明・大・昭・平）□配偶者控除 □配偶者特別控除

扶養控除：控除対象扶養親族の氏名／続柄／生年月日／控除額

㉓ 扶養控除額の合計　万円

○ 事業専従者に関する事項

	続柄	従事月数・程度・仕事の内容	専従者給与（控除）額
氏名 / 生年月日 明・大 昭・平			円
氏名 / 生年月日 明・大 昭・平			

㊿ 専従者給与（控除）額の合計額

住民税：16歳未満の扶養親族：扶養親族の氏名／続柄

事業税：非課税所得など／損益通算の特例適用前の不動産所得／不動産所得から差し引いた青色申告特別控除額／事業用資産の譲渡損失など／前年中の開（廃）業／開始・廃止／他都道府県の事務所等

条例指定分：都道府県・市区町村

給与・公的年金等に係る所得以外（平成28年4月1日において65歳未満の方は給与所得以外）の所得に係る住民税の徴収方法の選択　○ 自分で納付

配偶者・親族の扶養控除等・事業専従者の氏名・住所

所得税で控除対象配偶者などとした専従者

一連番号

吉村修一（よしむら・しゅういち）

千葉県生まれ。早稲田大学商学部卒。

上場会社の経理を経て、税理士の資格を取得。

辻・本郷税理士法人等の会計事務所に勤務し、法人・個人の顧客に係る会計・税務・事業承継を多数担当。更に社会保険労務士・CFPの資格を取得。平成29年、さくら税理士・社会保険労務士事務所を開設。

著書には、『領収書はどこまで経費で落ちるのか』『親子・兄弟・孫で考える お金をたくさん残す相続』(共にぱる出版刊)、『ケース・スタディ　法人税実務の手引』(新日本法規出版刊・著作協力)がある。


領収書《りょうしゅうしょ》・レシートはどこまで経費《けいひ》で落《お》とせるか

2020年10月15日　初版発行

著者　吉村修一
発行者　和田智明
発行所　株式会社　ぱる出版

〒160-0011　東京都新宿区若葉1-9-16
03（3353）2835—代表 03（3353）2826—FAX
03（3353）3679—編集
振替東京 00100-3-131586
印刷・製本　中央精版印刷(株)

ISBN978-4-8272-1253-2　C0034